3-vallin kara:
Piirtää pientä pöytätasoa

Esimerkkejä ammattilaisurheilun turnauksista

Testaa itsesi vastaan ammattilaisjoukkueita

Allan P. Sand
PBIA Sertifioitu biljardin ohjaaja

ISBN 978-1-62505-280-3
PRINT 7x10

ISBN 978-1-62505-434-0
PRINT 8.5x11

First edition

Published by Billiard Gods Productions.

Santa Clara, CA 95051

U.S.A.

For the latest information about books and videos, go to: http://www.billiardgods.com

Acknowledgements

Wei Chao created the software that was used to create these graphics.

Sisällysluettelo

Other books by the author …

    3 Cushion Billiards Championship Shots (a series)

    Carom Billiards: Some Riddles & Puzzles

    Carom Billiards: MORE Riddles & Puzzles

    Why Pool Hustlers Win

    Table Map Library

    Safety Toolbox

    Cue Ball Control Cheat Sheets

    Advanced Cue Ball Control Self-Testing Program

    Drills & Exercises for Pool & Pocket Billiards

    The Art of War versus The Art of Pool

    The Psychology of Losing – Tricks, Traps & Sharks

    The Art of Team Coaching

    The Art of Personal Competition

    The Art of Politics & Campaigning

    The Art of Marketing & Promotion

    Kitchen God's Guide for Single Guys

Käyttöönotto

Tämä on yksi sarjasta 3 tyyny biljardi -kirjoja, jotka osoittavat, kuinka ammattimaiset pelaajat tekevät päätöksiä, jotka perustuvat taulukon asetteluun. Kaikki nämä ulkoasut ovat kansainvälisiltä kilpailuilta.

Nämä asettelut asettavat sinut pelaajan päähän, alkaen pallojen paikoista (ensimmäisessä taulukossa). Toisen taulukon asettelun mukaan pelaaja päätti tehdä.

Tietoja taulukon asetteluista

Nämä ovat pöydän kolme palloa:

(A) (CB) (sinun biljardipallo)

(•) (OB) (vastustaja biljardipallo)

● (OB) (punainen biljardipallo)

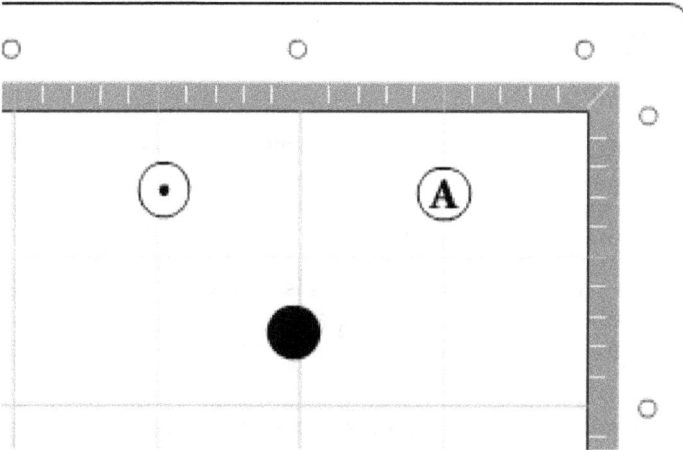

Jokaisessa konfiguraatiossa on kaksi taulukon ulkoasua. Ensimmäinen taulukko on pallopisteitä. Toinen taulukko on, kuinka pallot liikkuvat pöydällä.

Taulukon asennusohjeet

Käytä paperin vahvistusrenkaita merkitsemään pallopisteitä (ostakaa missä tahansa toimistotarvikkeiden myymälässä).

Aseta kolikko jokaiseen pöytätyynyyn, jonka (CB) koskettaa.

Vertaa (CB) polkuasi toisen taulukkon kokoonpanon kanssa. Jos haluat oppia, saatat tarvita useita yrityksiä. Jokaisen vian jälkeen tee säätö ja yritä uudelleen, kunnes olet onnistunut.

Asettelujen tarkoitus

Nämä asettelut on tarkoitettu kahteen tarkoitukseen.

- Analyysisi - Kotona voit pohtia, kuinka pelata kokoonpanoa ensimmäisellä pöydällä. Vertaa ideoita toisen taulukon todelliseen kuvioon. Ajattele ratkaisua ja harkitse vaihtoehtoja. Toisesta taulukosta voit myös analysoida, miten ohjeita noudatetaan. Henkisesti pelata laukaus ja päättää, miten voit onnistua.

- Käytä pöydän kokoonpanoa - Aseta pallot paikoilleen ensimmäisen pöydän kokoonpanon mukaisesti. Yritä kuvata samalla tavoin kuin toinen taulukkokaavio. Saatat tarvita useita yrityksiä ennen kuin löydät oikean tavan pelata. Näin voit oppia ja pelata näitä laukauksia kilpailujen ja turnausten aikana.

Henkisen analyysin ja käytännön käytännön yhdistelmä tekee sinusta älykkäämpää pelaajaa.

A: 1/4 taulukko

(CB) liikkuu neljännellä pöydän alueella. (CB) tulee ensimmäisestä (OB) ja pitkästä vallin, lyhyestä vallin ja vastakkaisesta pitkästä vallin. Sitten (CB) ottaa yhteyden toiseen (OB).

(A) (CB) (sinun biljardipallo) – (•) (OB) (vastustaja biljardipallo) – ● (OB) (punainen biljardipallo)

A: Ryhmä 1

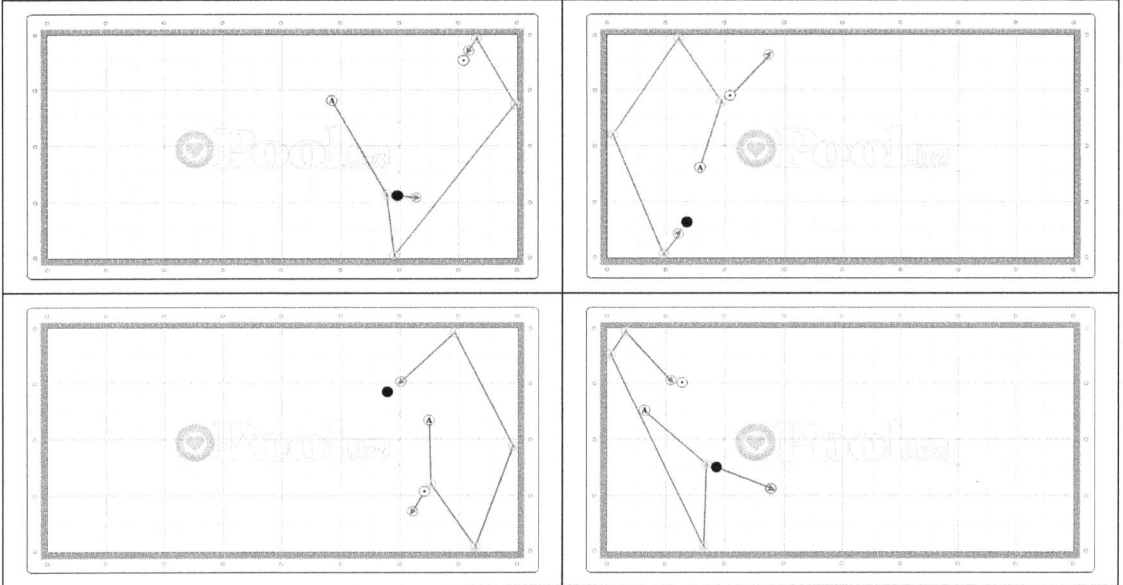

Analyysi:

A:1a. _____

A:1b. _____

A:1c. _____

A:1d. _____

3

A:1a – Piirustus

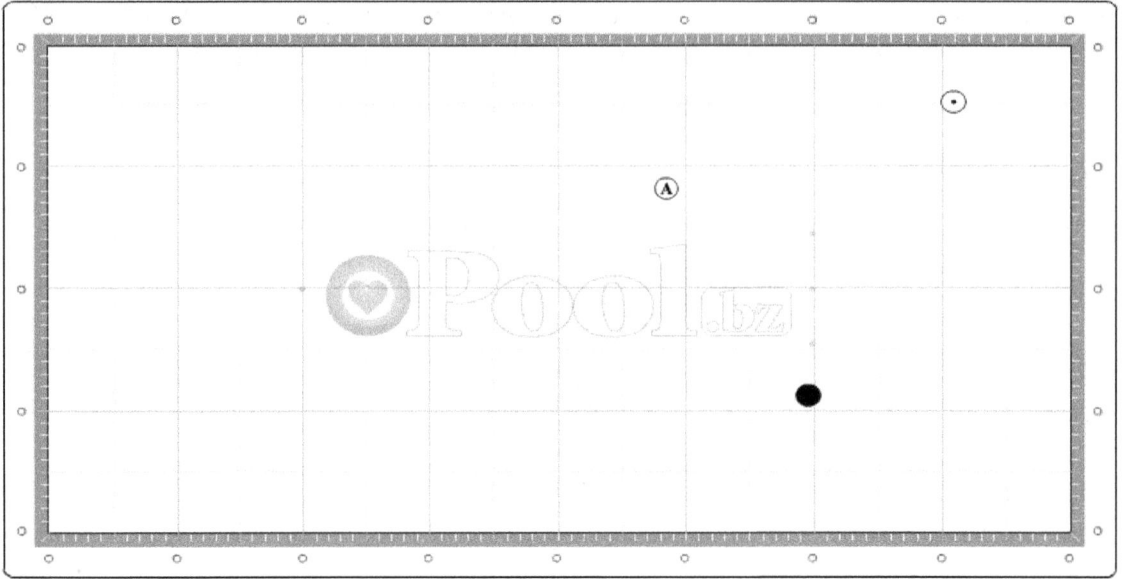

Huomautuksia ja ideoita:

Pallokuviota

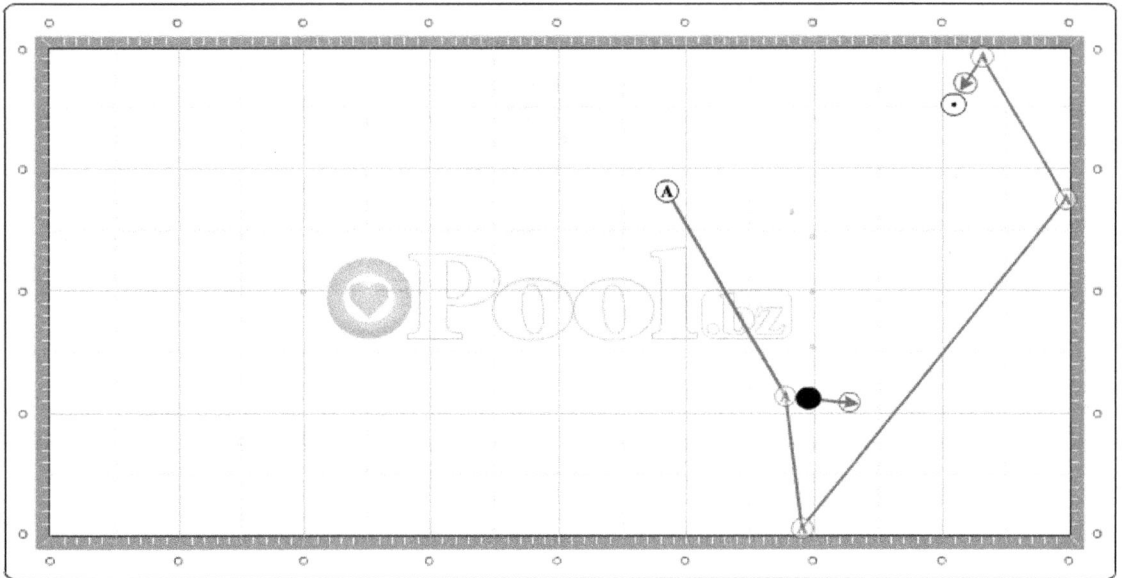

A:1b – Piirustus

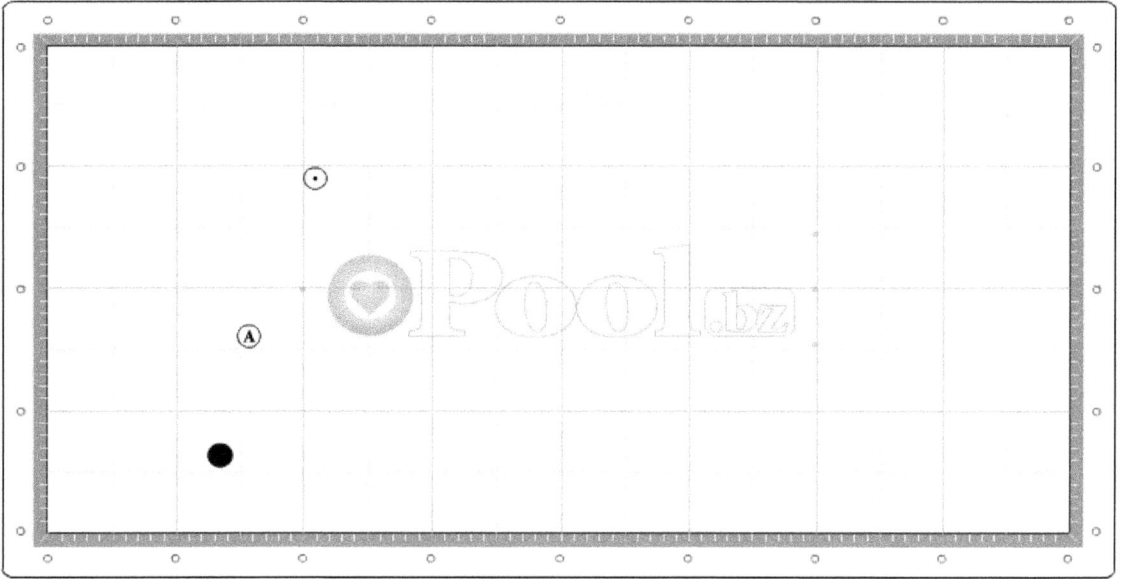

Huomautuksia ja ideoita:

Pallokuviota

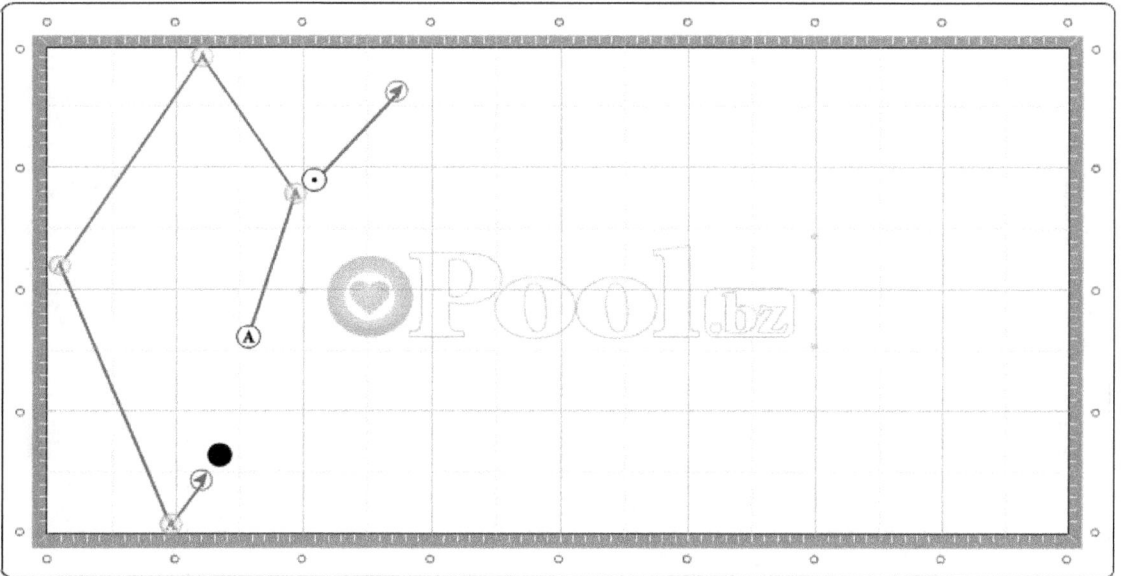

C:1c – Piirustus

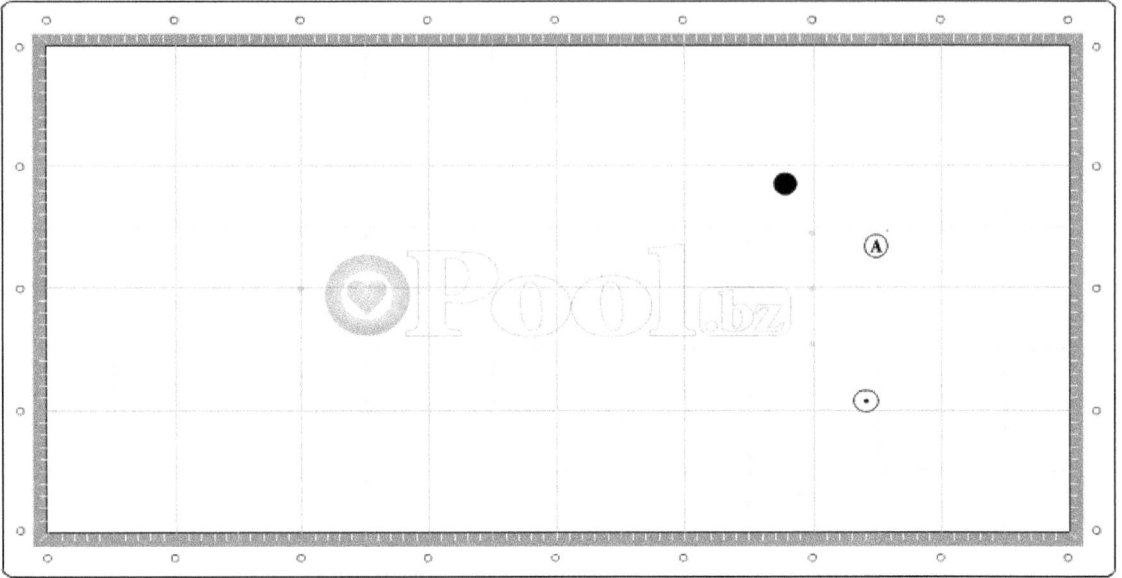

Huomautuksia ja ideoita:

Pallokuviota

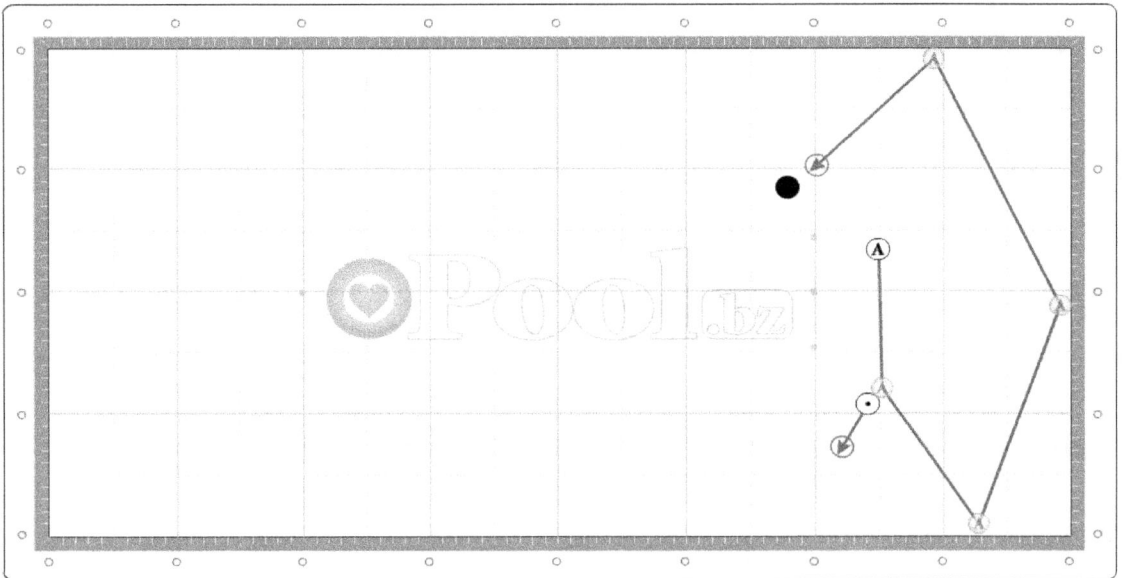

A:1d – Piirustus

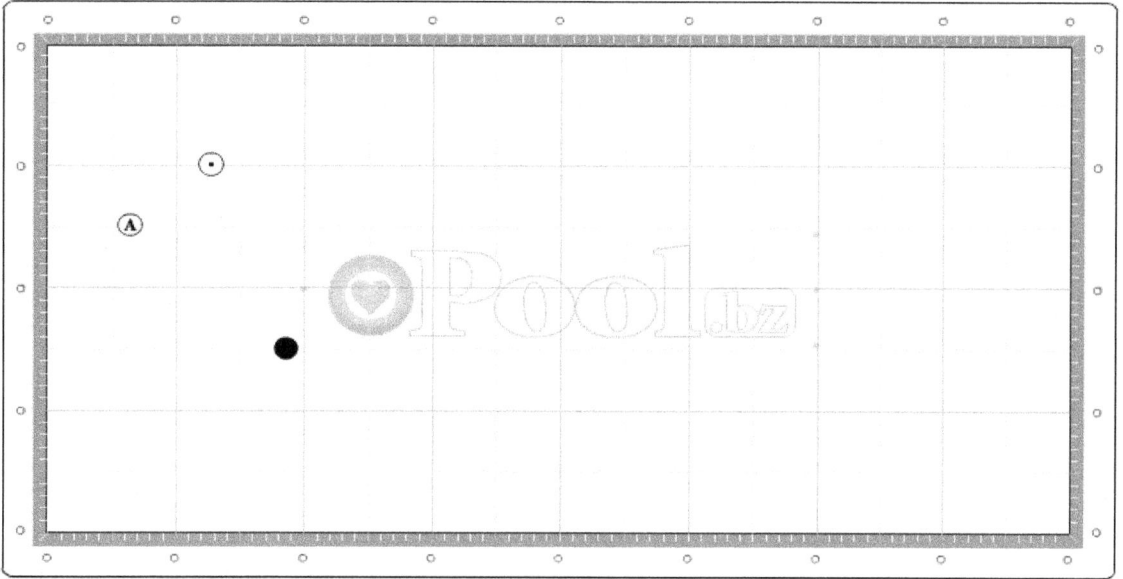

Huomautuksia ja ideoita:

Pallokuviota

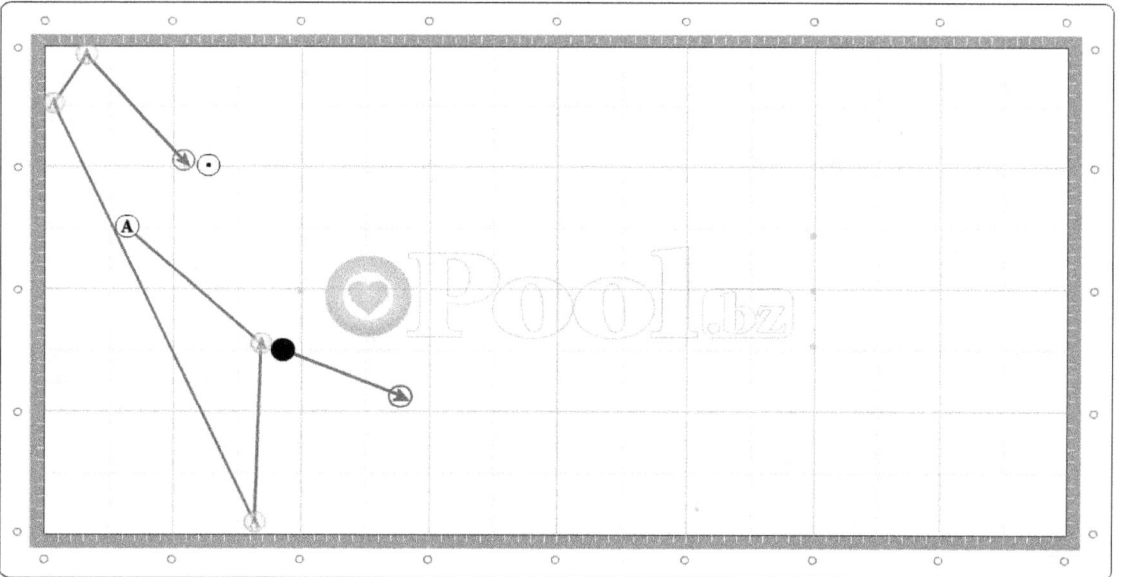

A: Ryhmä 2

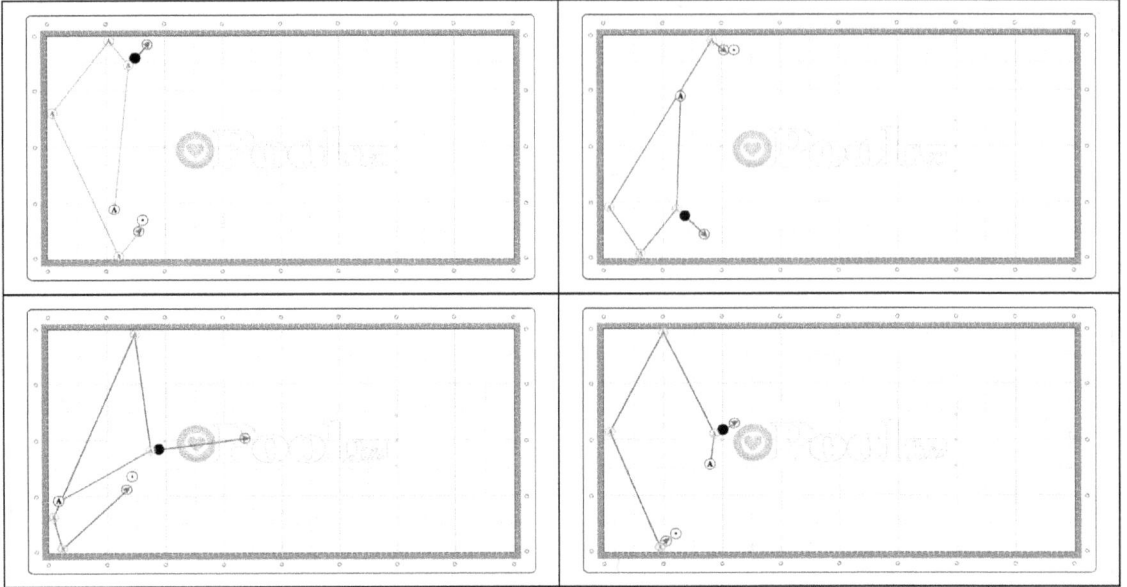

Analyysi:

A:2a. _____

A:2b. _____

A:2c. _____

A:2d. _____

A:2a – Piirustus

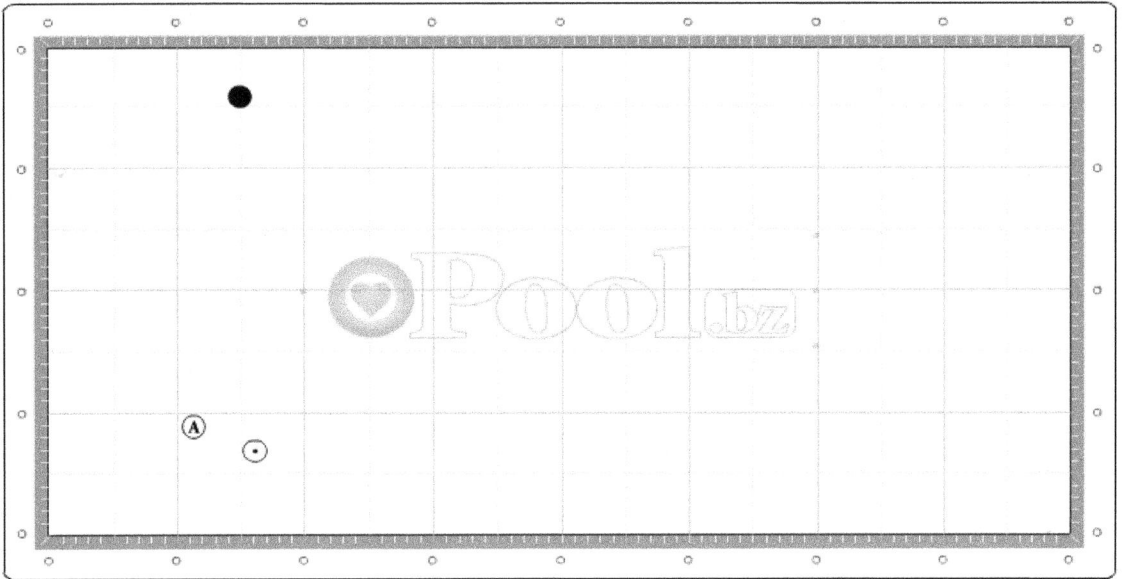

Huomautuksia ja ideoita:

Pallokuviota

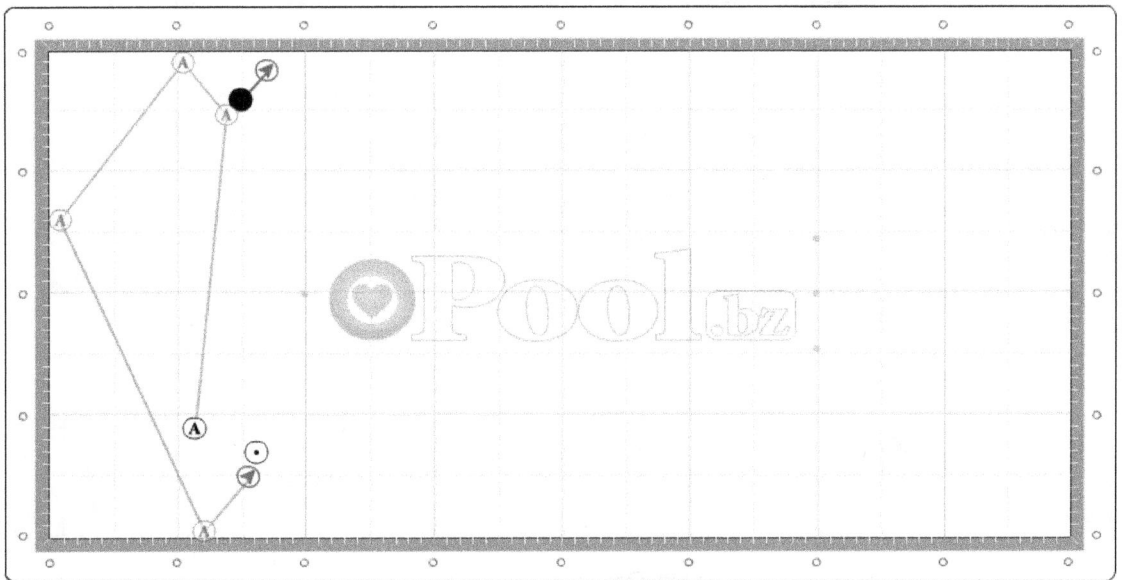

A:2b – Piirustus

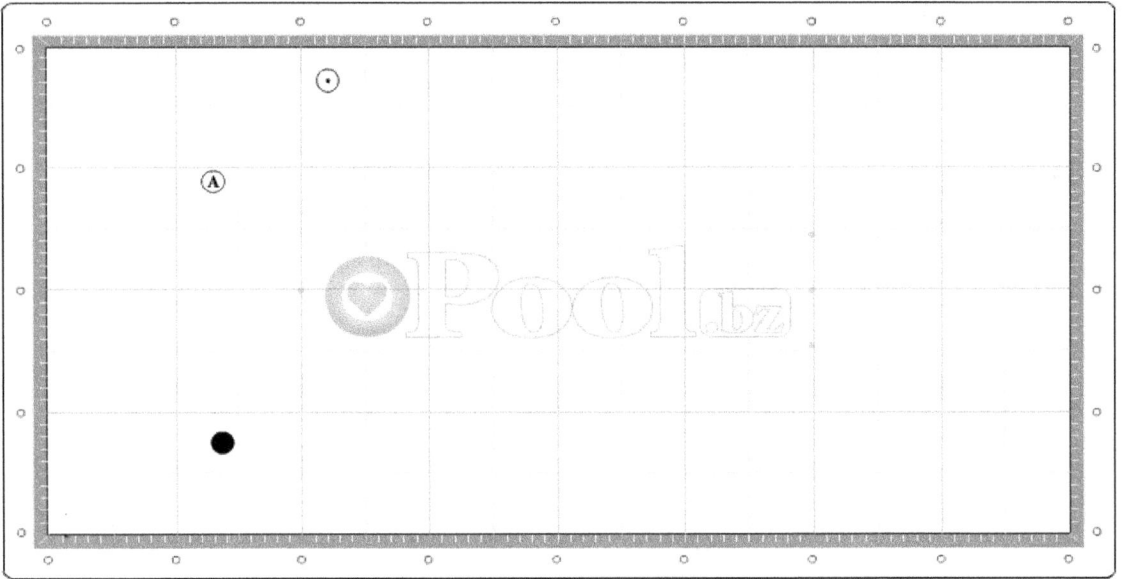

Huomautuksia ja ideoita:

Pallokuviota

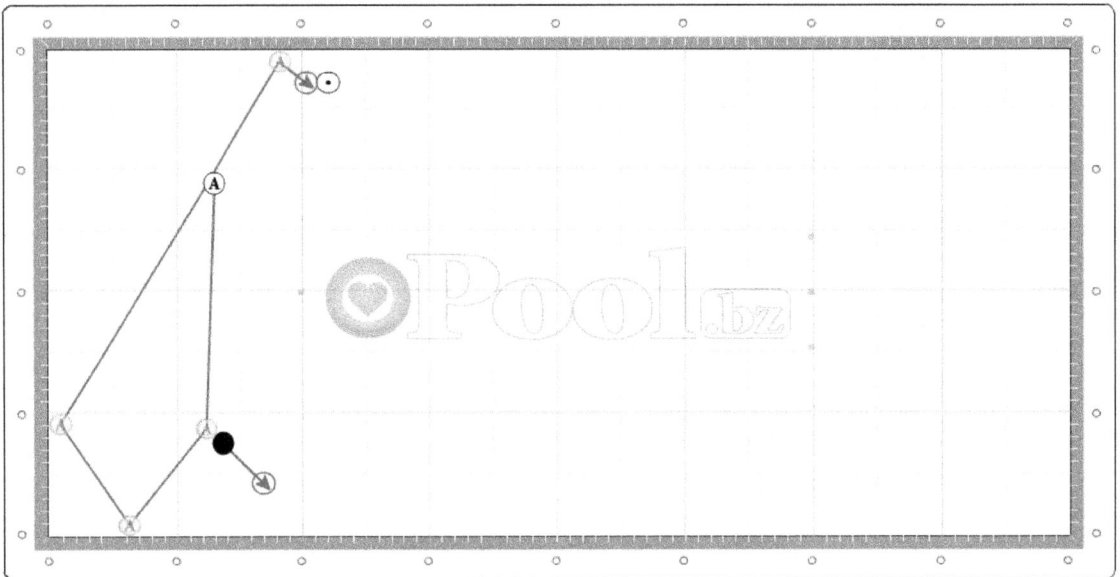

A:2c – Piirustus

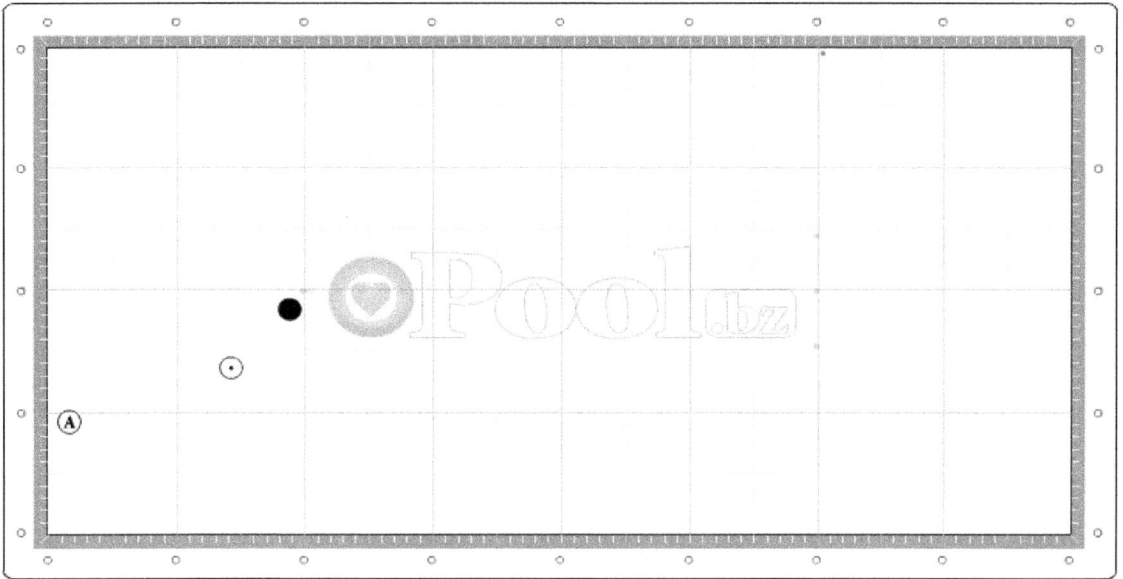

Huomautuksia ja ideoita:

Pallokuviota

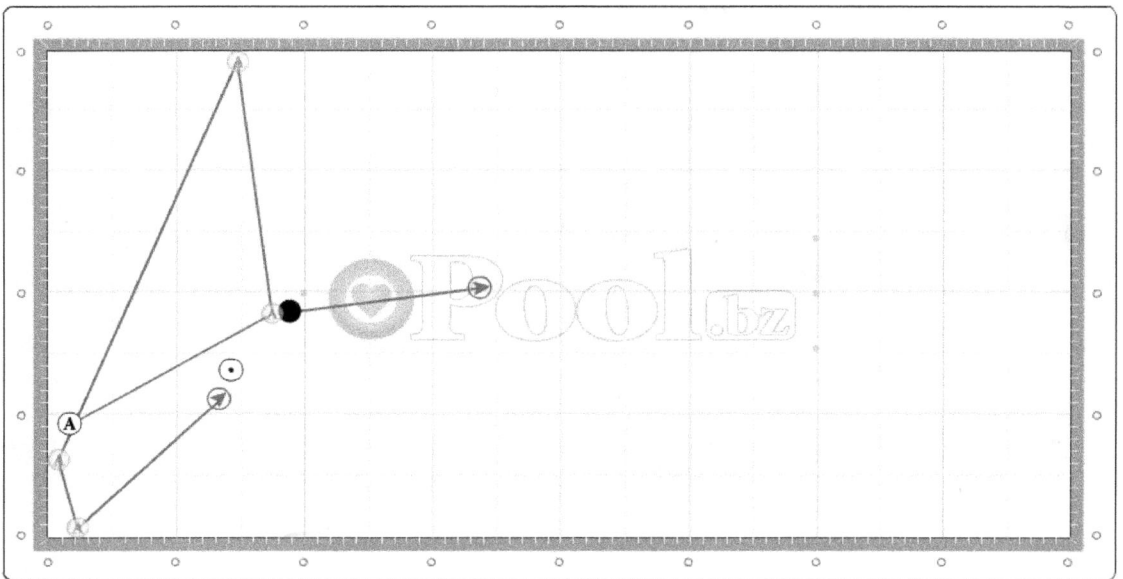

A:2d – Piirustus

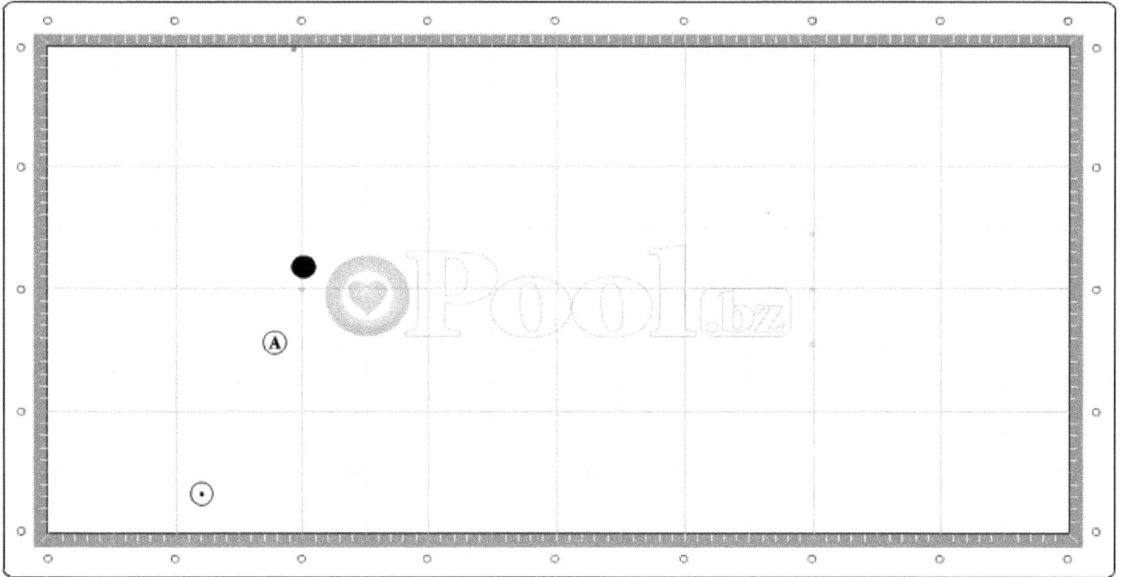

Huomautuksia ja ideoita:

Pallokuviota

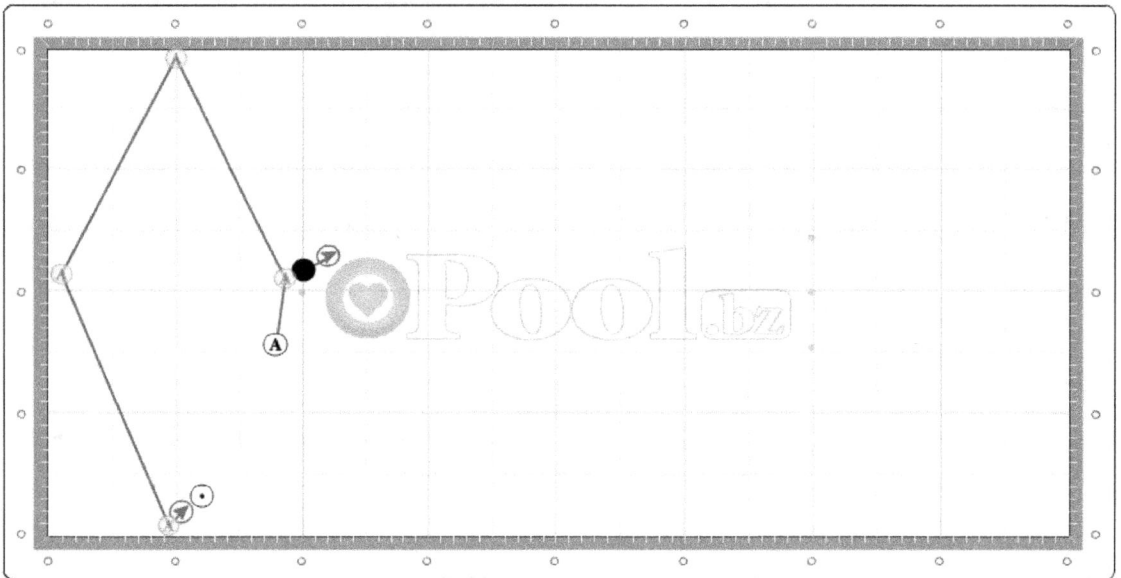

A: Ryhmä 3

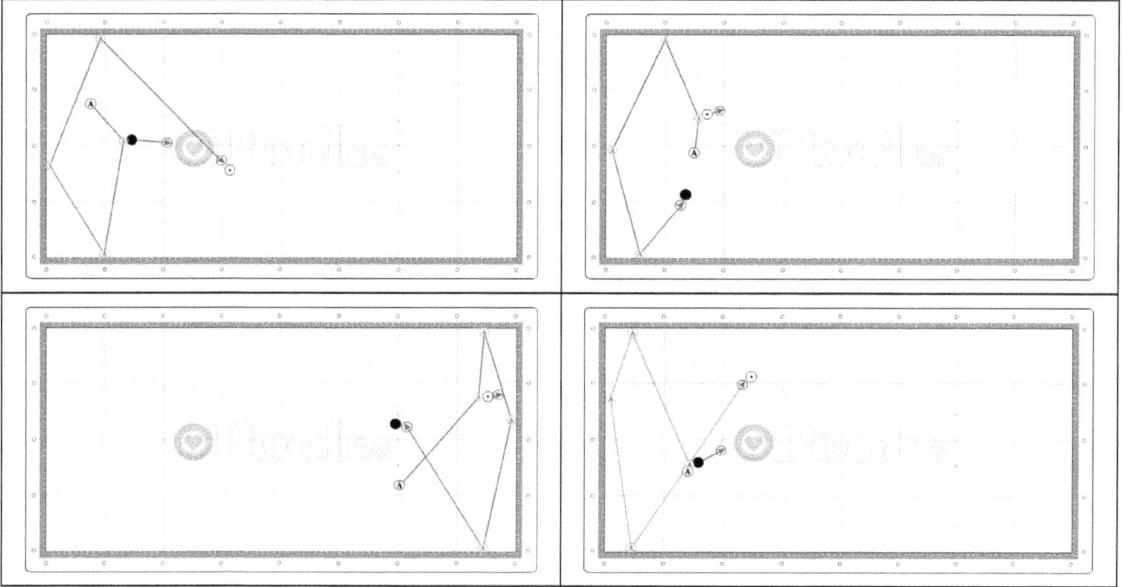

Analyysi:

A:3a. _____

A:3b. _____

A:3c. _____

A:3d. _____

A:3 – Piirustus

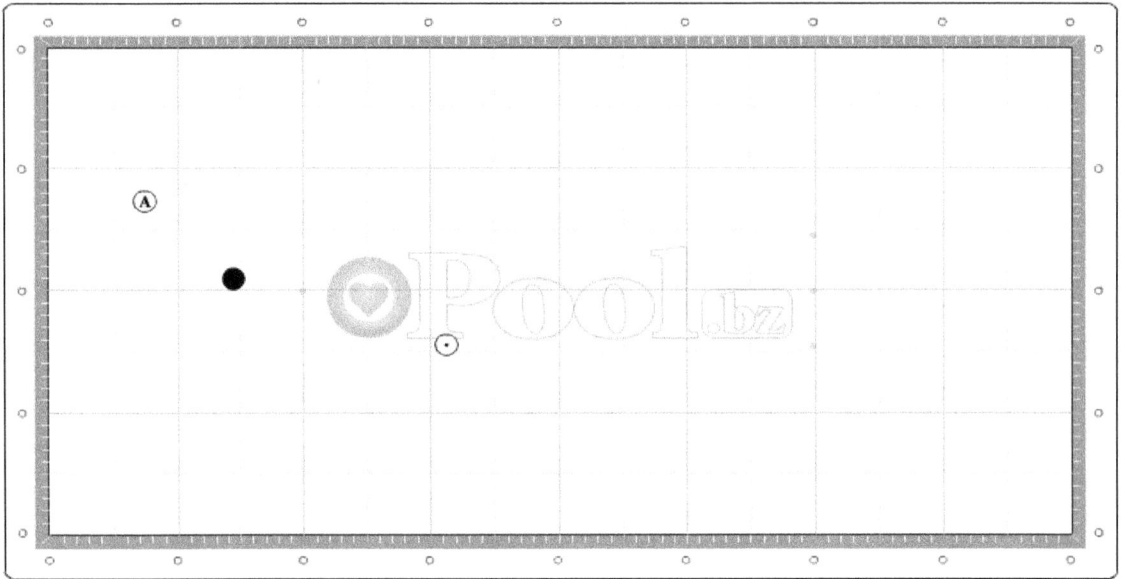

Huomautuksia ja ideoita:

Pallokuviota

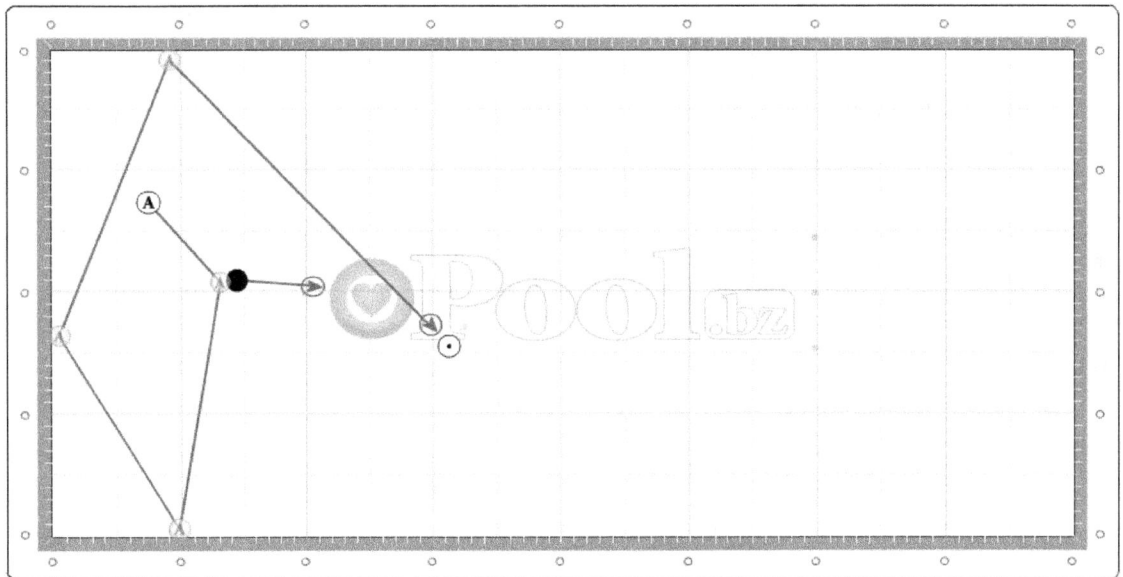

A:3b – Piirustus

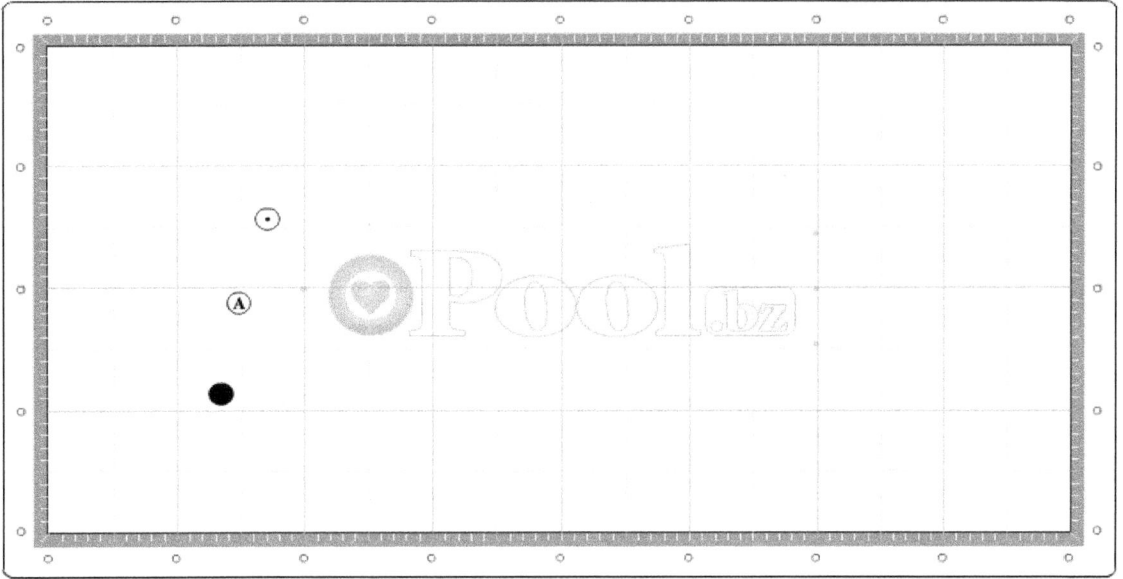

Huomautuksia ja ideoita:

Pallokuviota

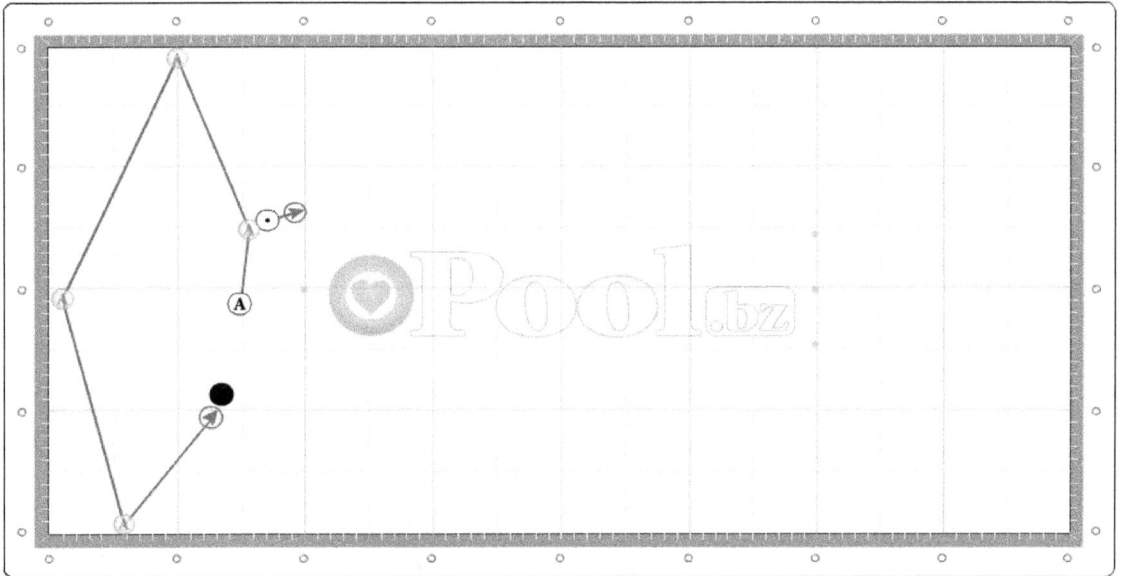

A:3c – Piirustus

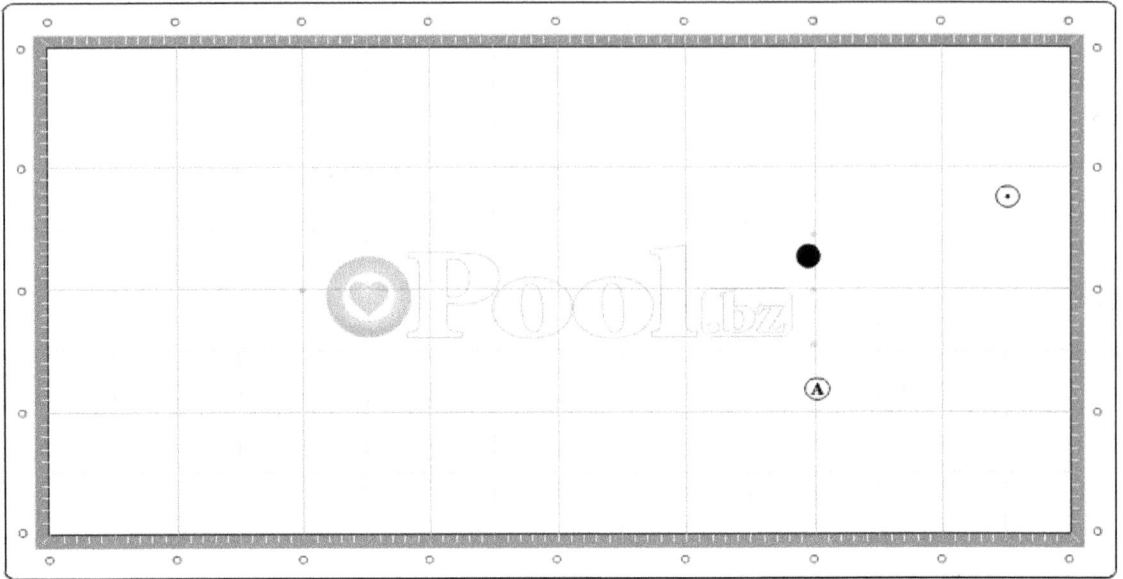

Huomautuksia ja ideoita:

Pallokuviota

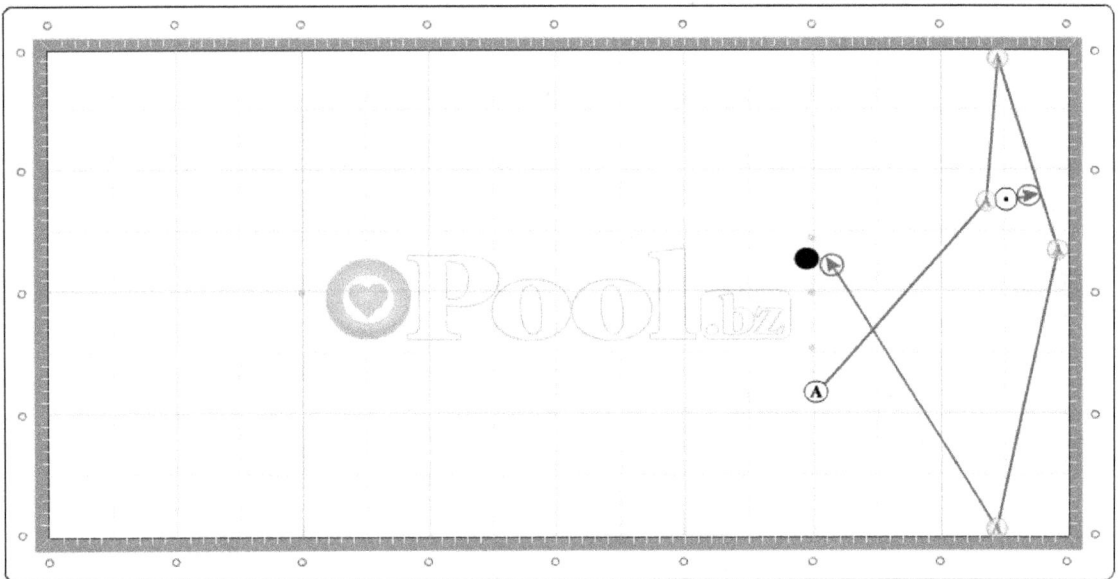

A:3d – Piirustus

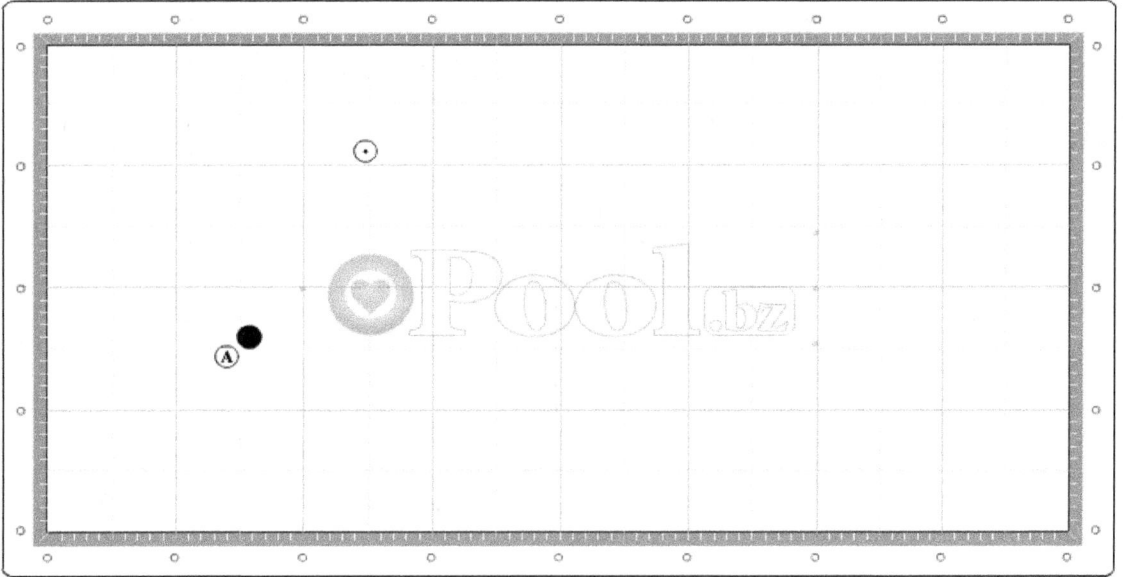

Huomautuksia ja ideoita:

Pallokuviota

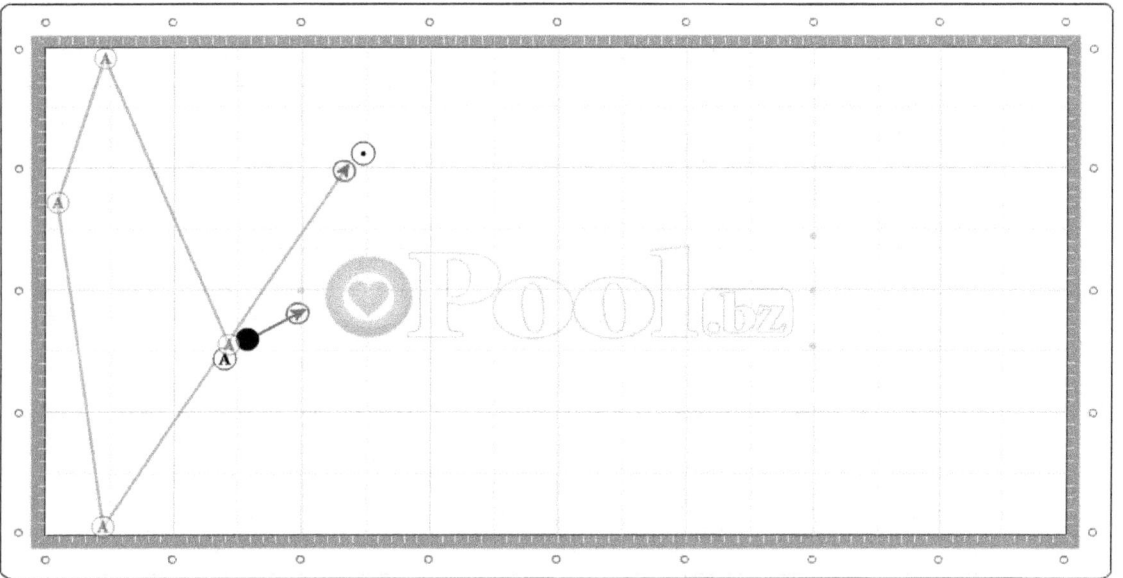

B: 1/8 taulukko

(CB) matkustaa pieneen kahdeksasosaan pöydän alueesta.

(A) (CB) (sinun biljardipallo) – (·) (OB) (vastustaja biljardipallo) – ● (OB) (punainen biljardipallo)

B: Ryhmä 1

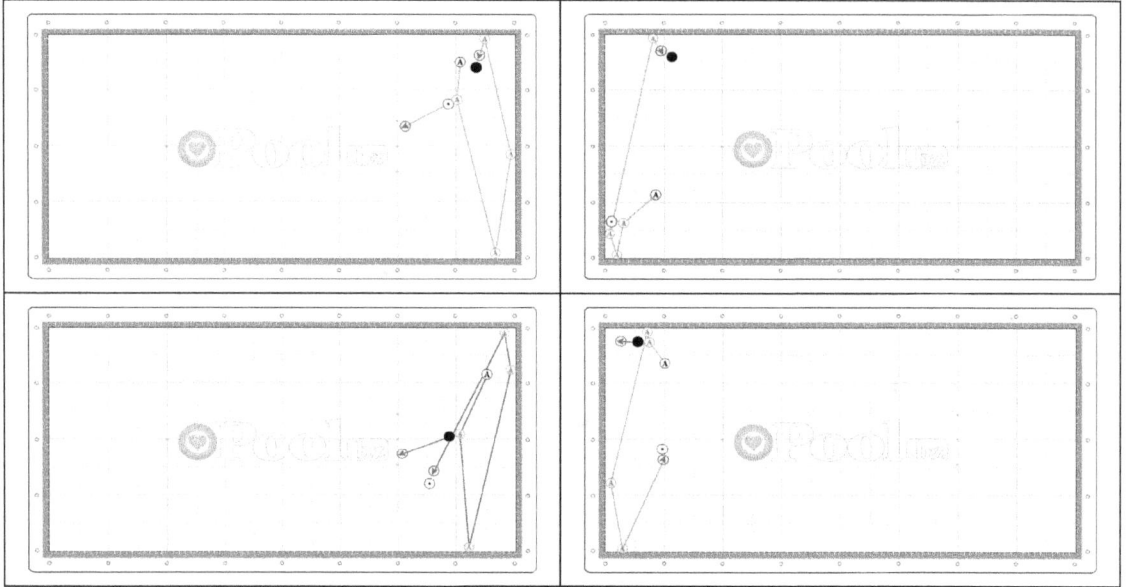

Analyysi:

B:1a. _____

B:1b. _____

B:1c. _____

B:1d. _____

B:1a – Piirustus

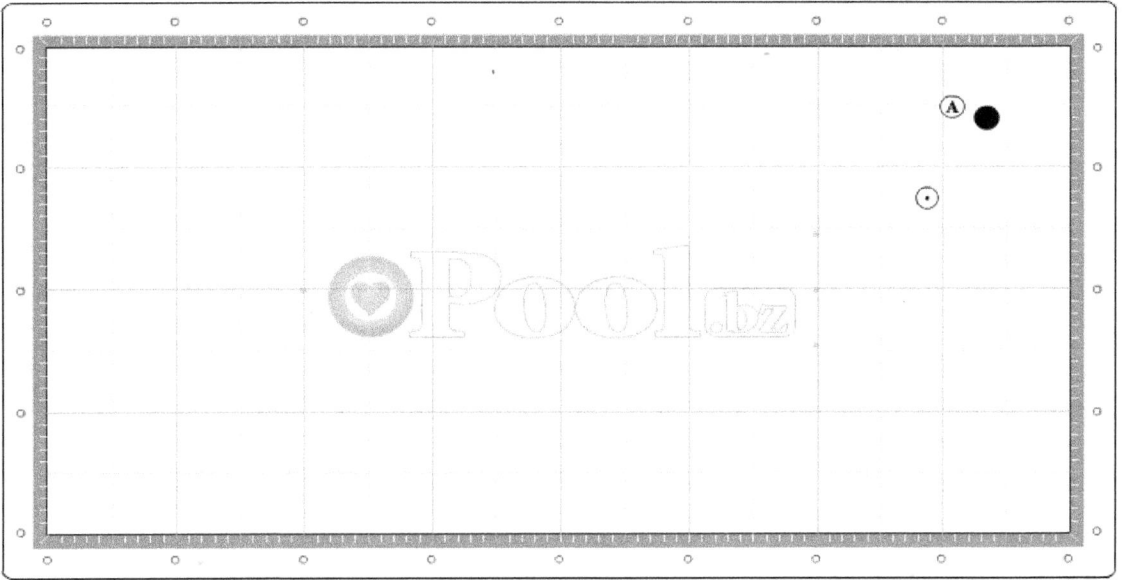

Huomautuksia ja ideoita:

Pallokuviota

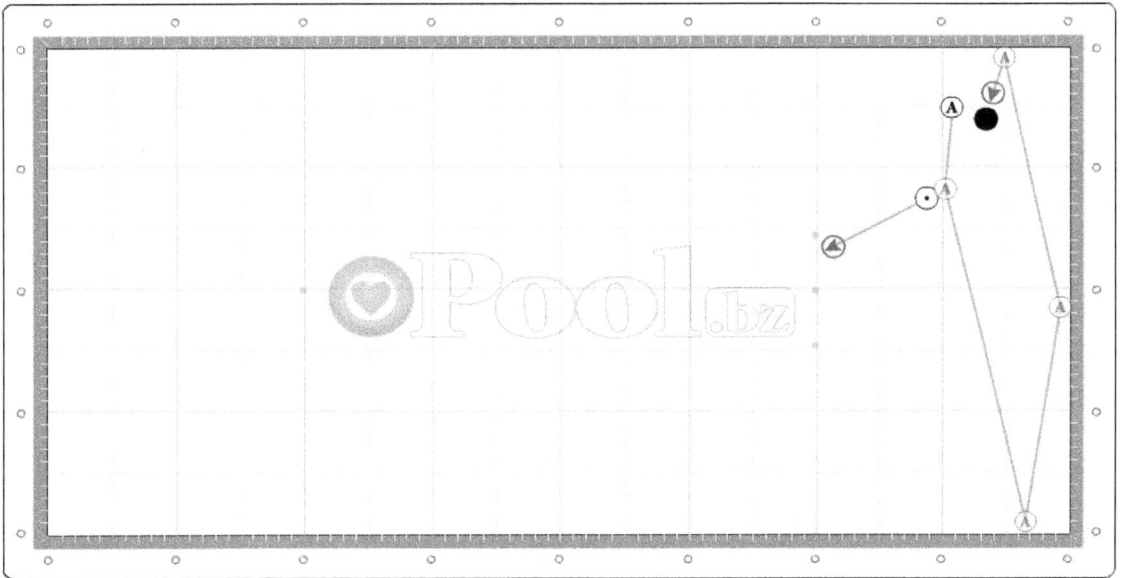

B:1b – Piirustus

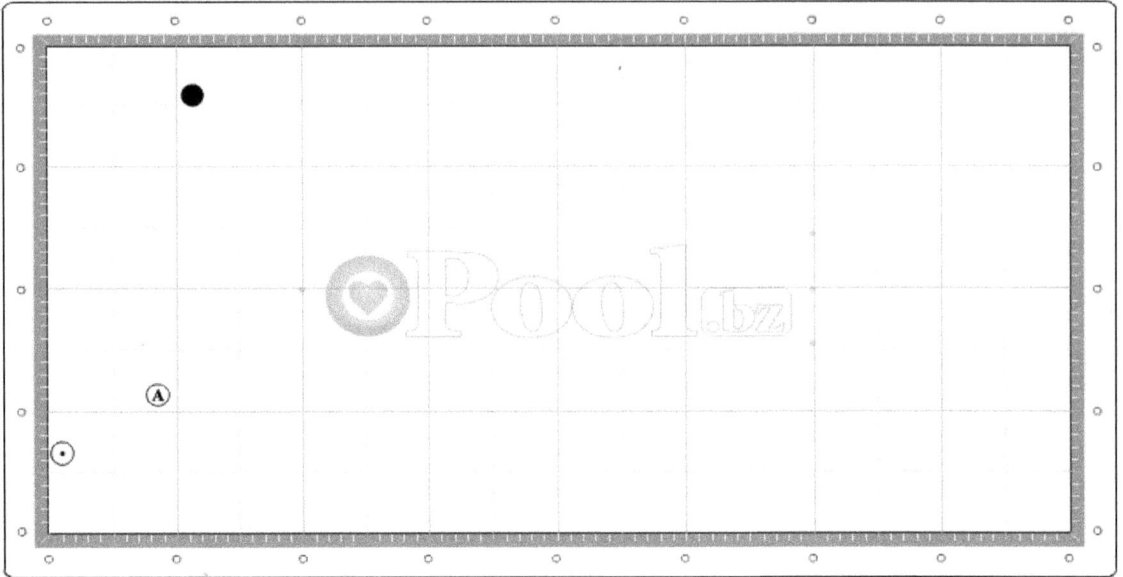

Huomautuksia ja ideoita:

Pallokuviota

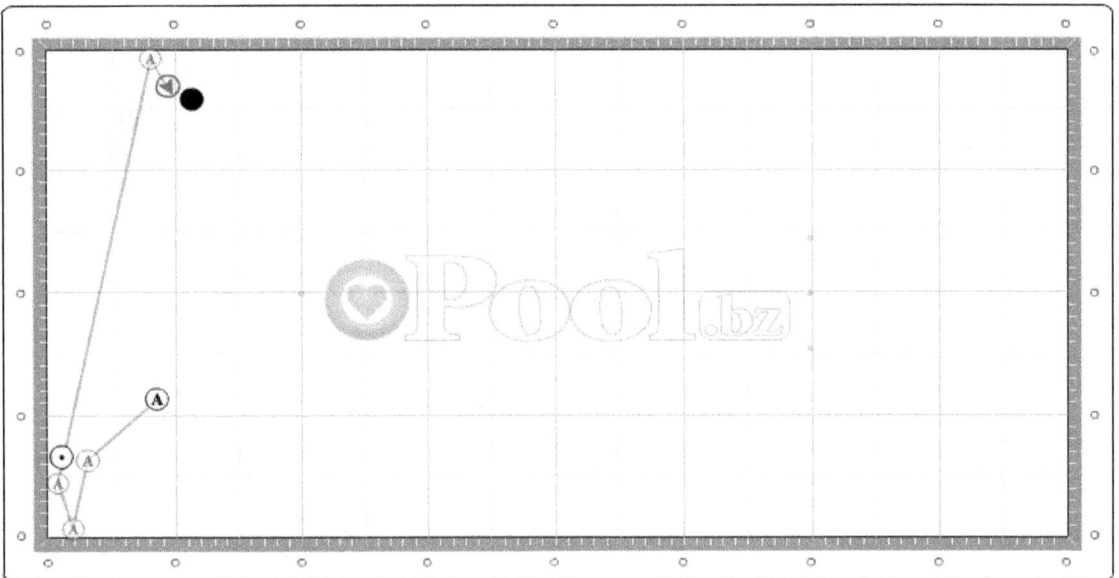

B:1c – Piirustus

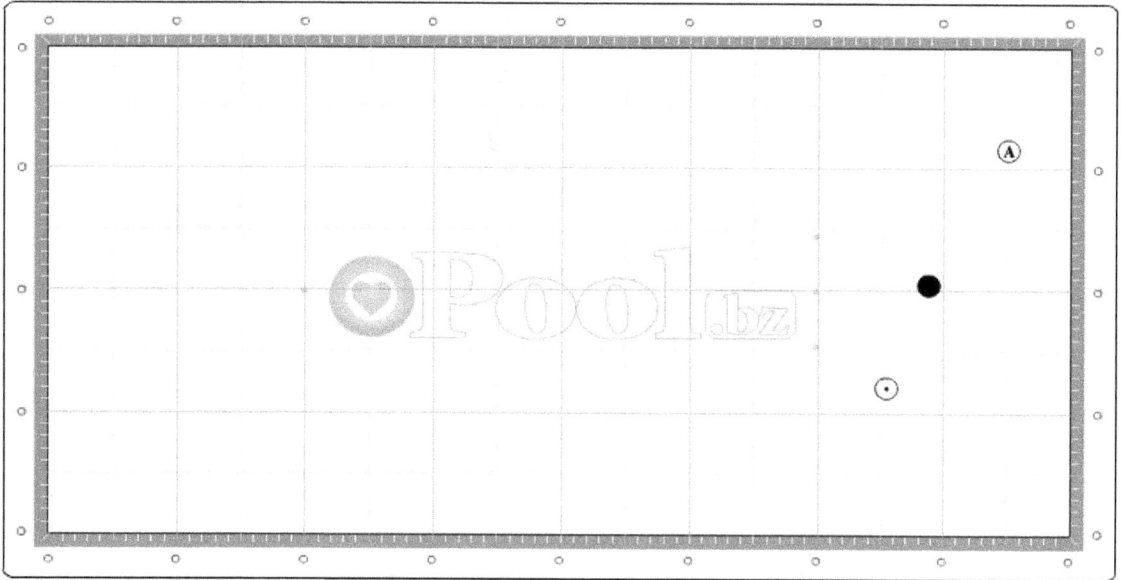

Huomautuksia ja ideoita:

Pallokuviota

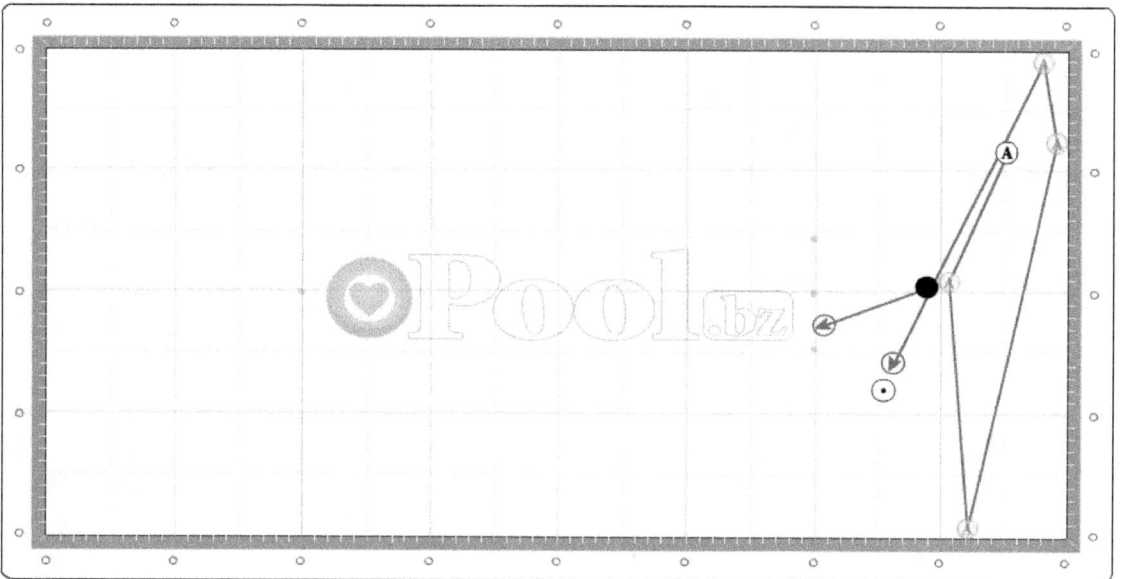

B:1d – Piirustus

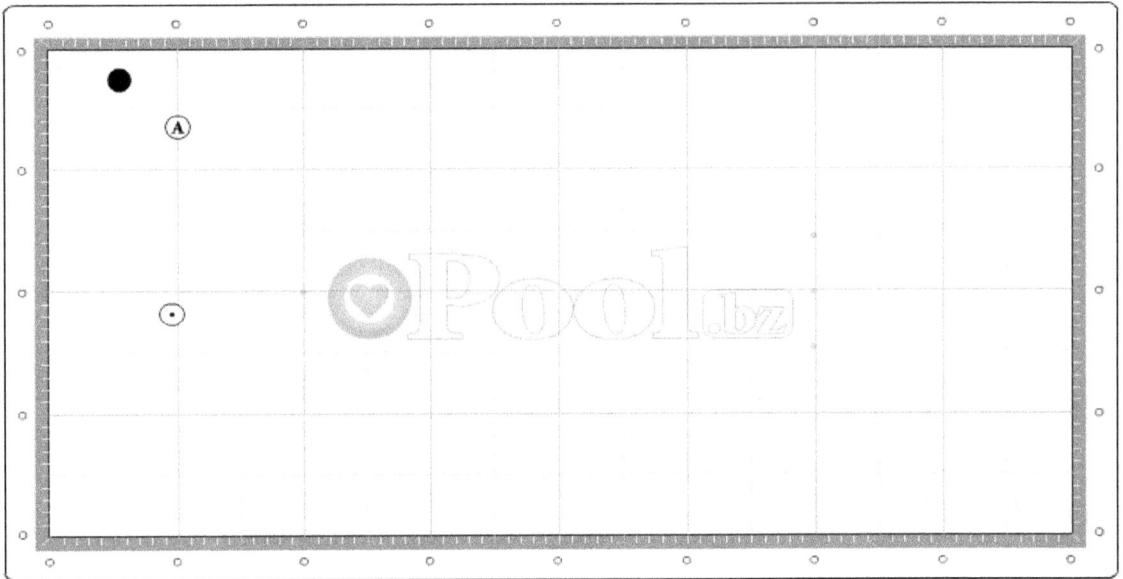

Huomautuksia ja ideoita:

Pallokuviota

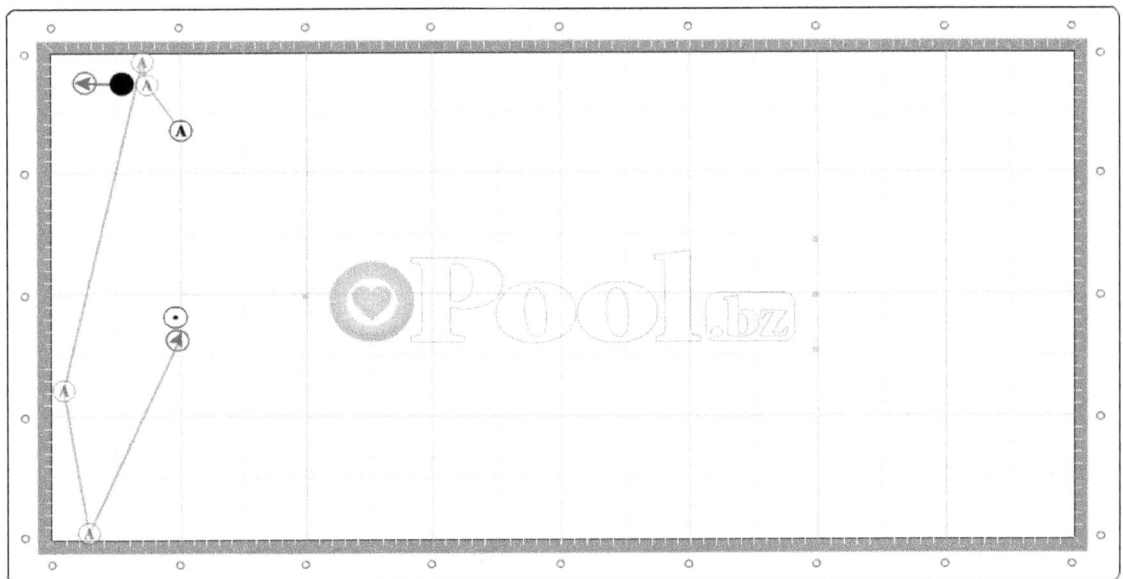

B: Ryhmä 2

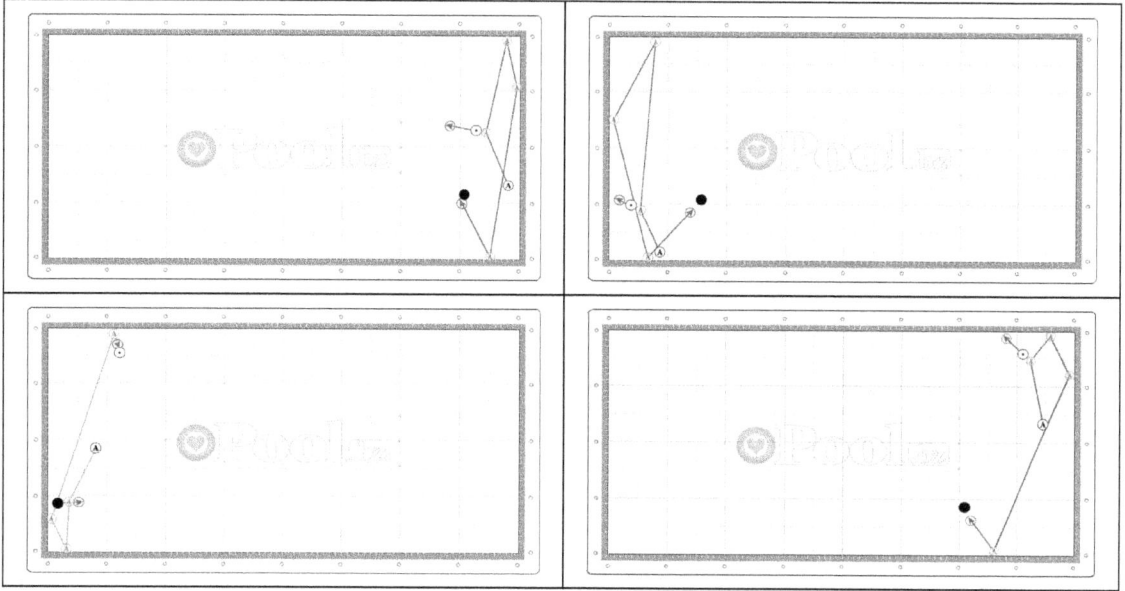

Analyysi:

B:2a. _____

B:2b. _____

B:2c. _____

B:2d. _____

B:2a – Piirustus

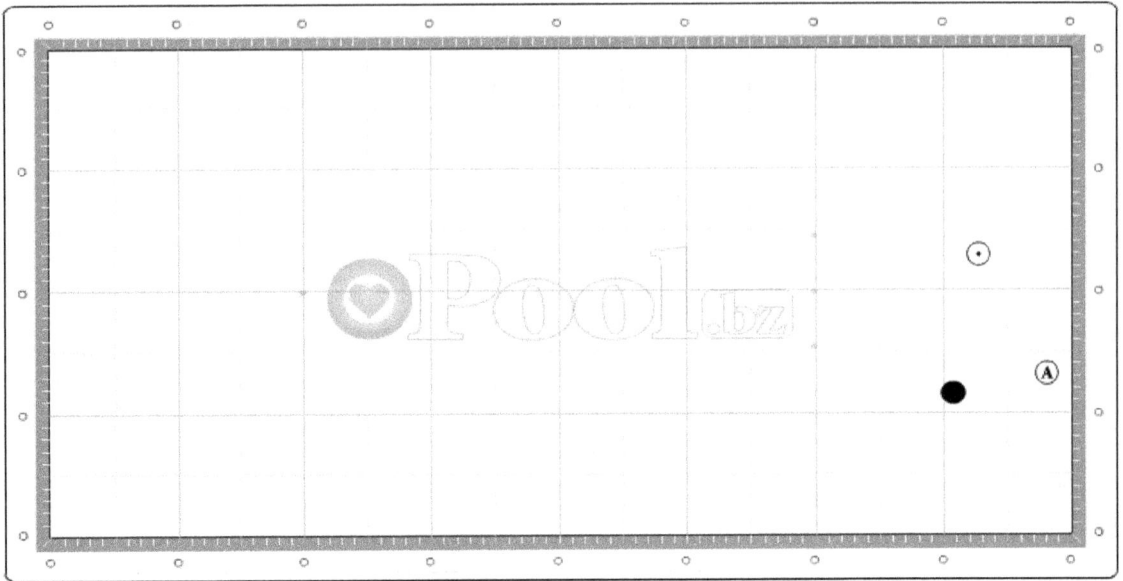

Huomautuksia ja ideoita:

Pallokuviota

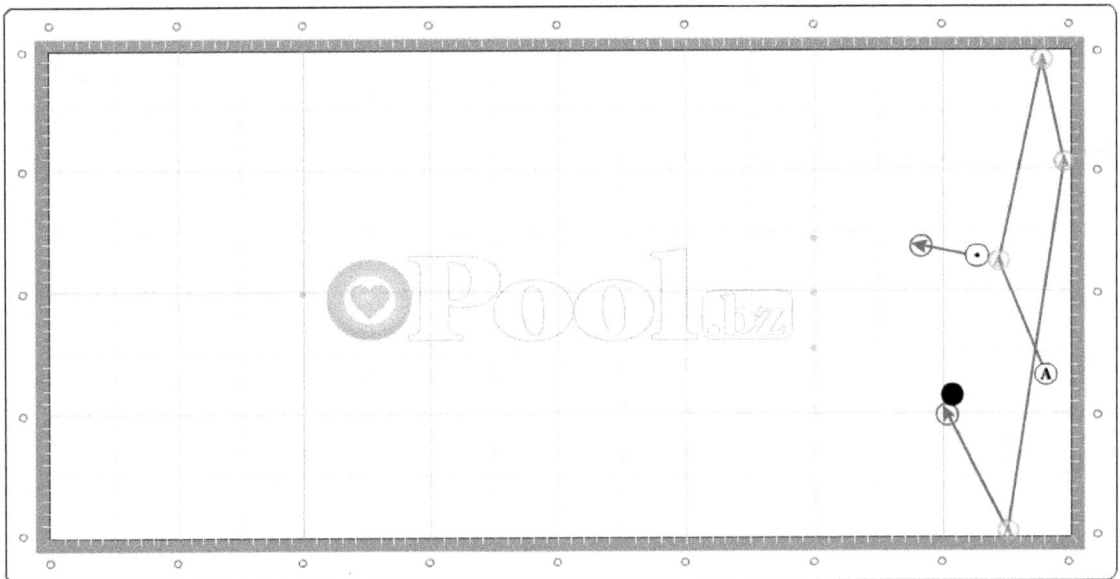

B:2b – Piirustus

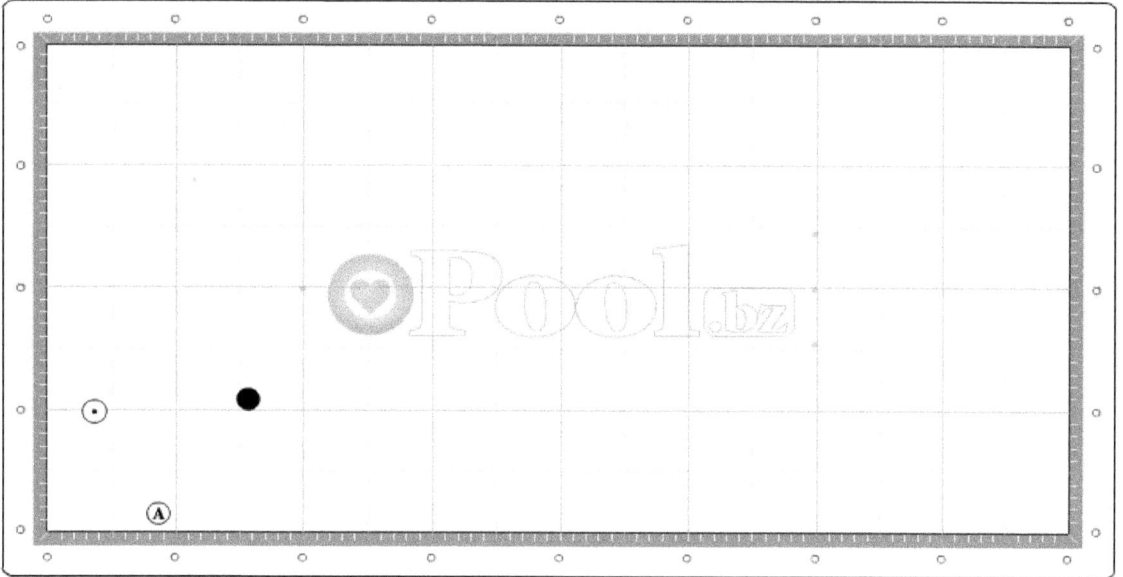

Huomautuksia ja ideoita:

Pallokuviota

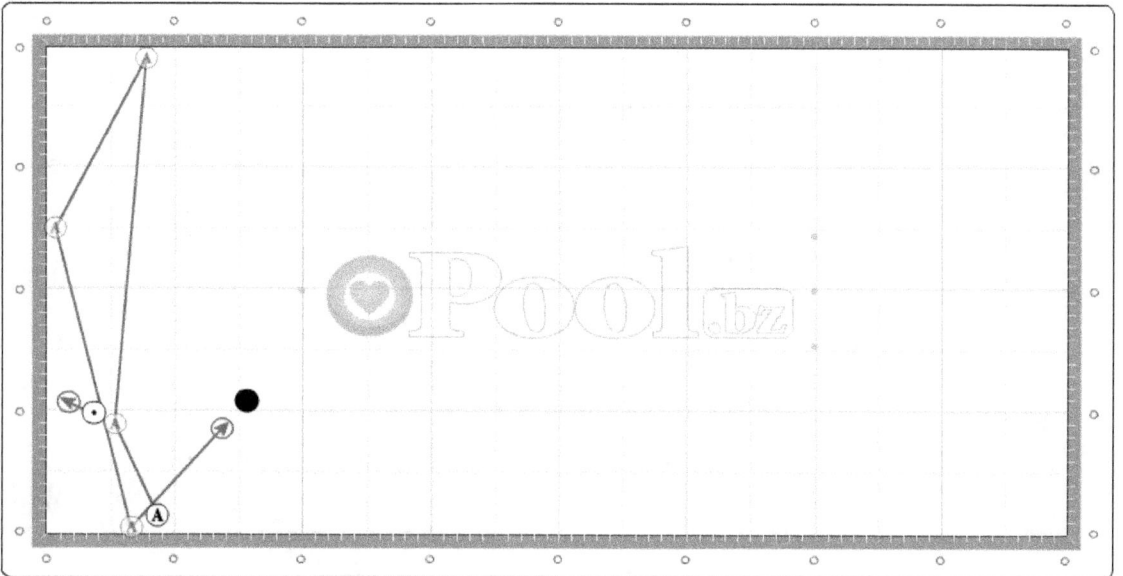

B:2c – Piirustus

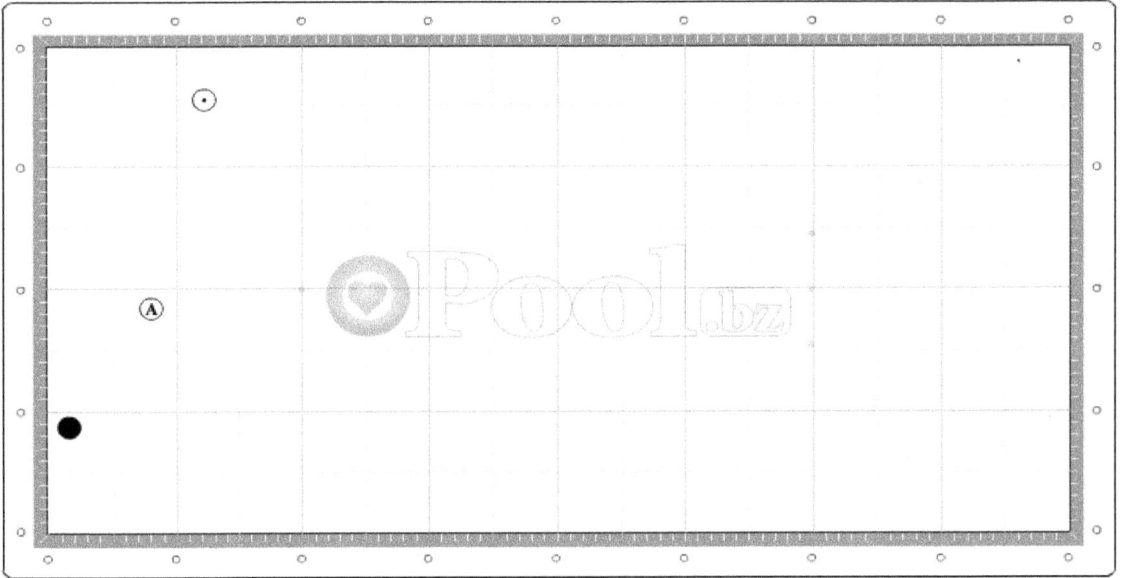

Huomautuksia ja ideoita:

Pallokuviota

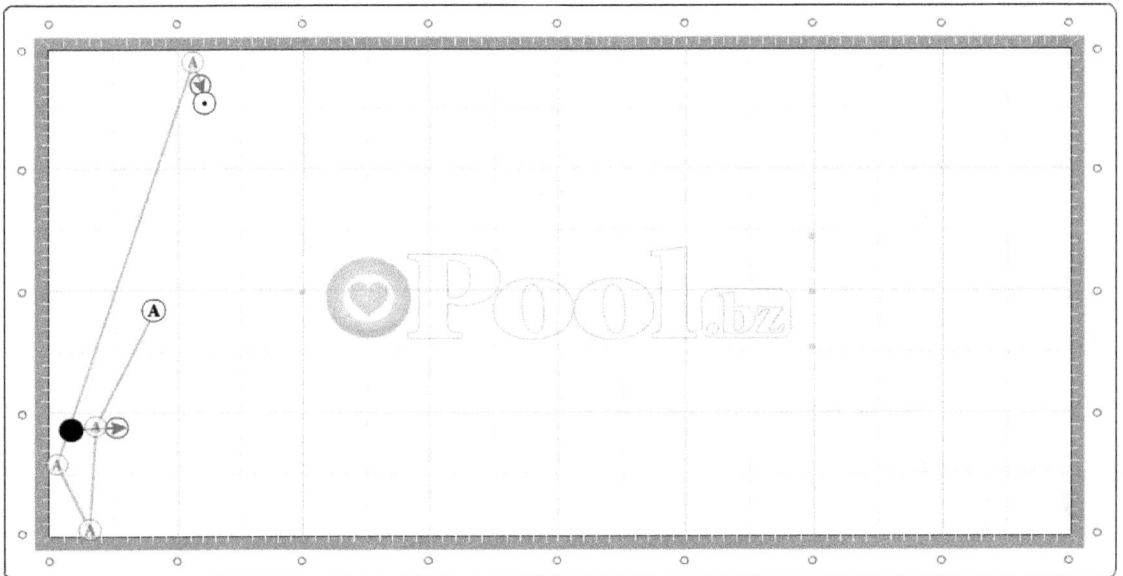

B:2d – Piirustus

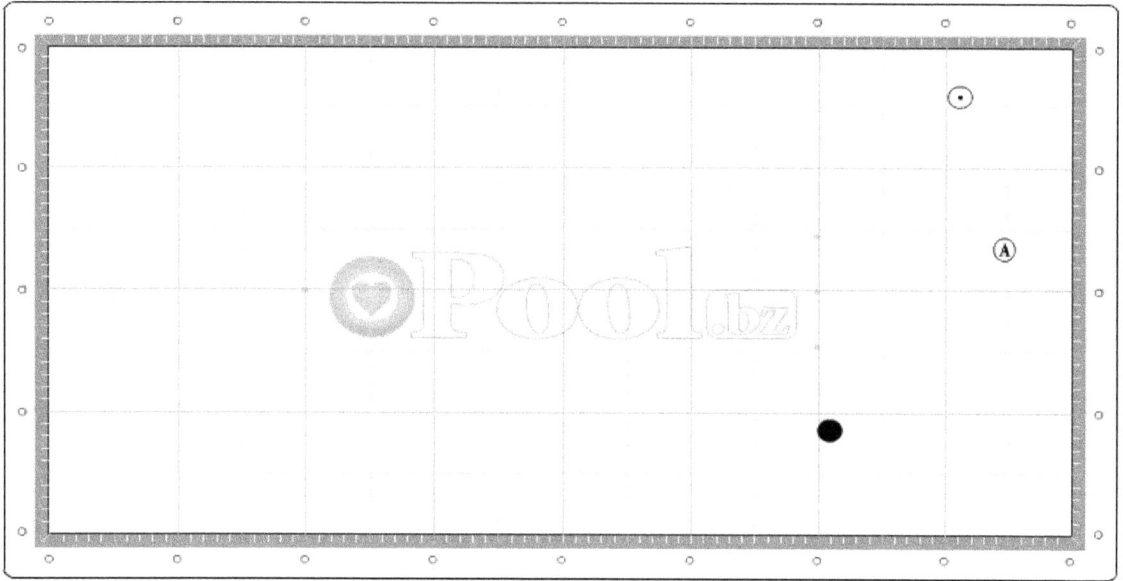

Huomautuksia ja ideoita:

Pallokuviota

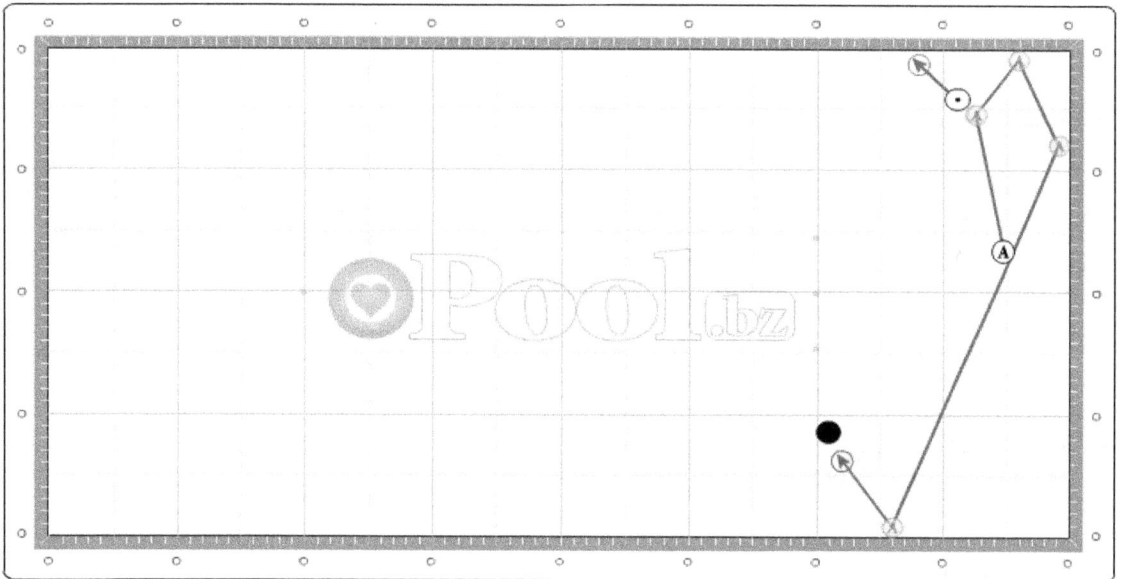

C: Pakota pallo eteenpäin

Kun (CB) kosketuspinnat koskettavat ensimmäistä (OB), (CB) ylintä pyöriä, pallo työnnetään eteenpäin kuvioon.

Ⓐ (CB) (sinun biljardipallo) – ⊙ (OB) (vastustaja biljardipallo) – ⬤ (OB) (punainen biljardipallo)

C: Ryhmä 1

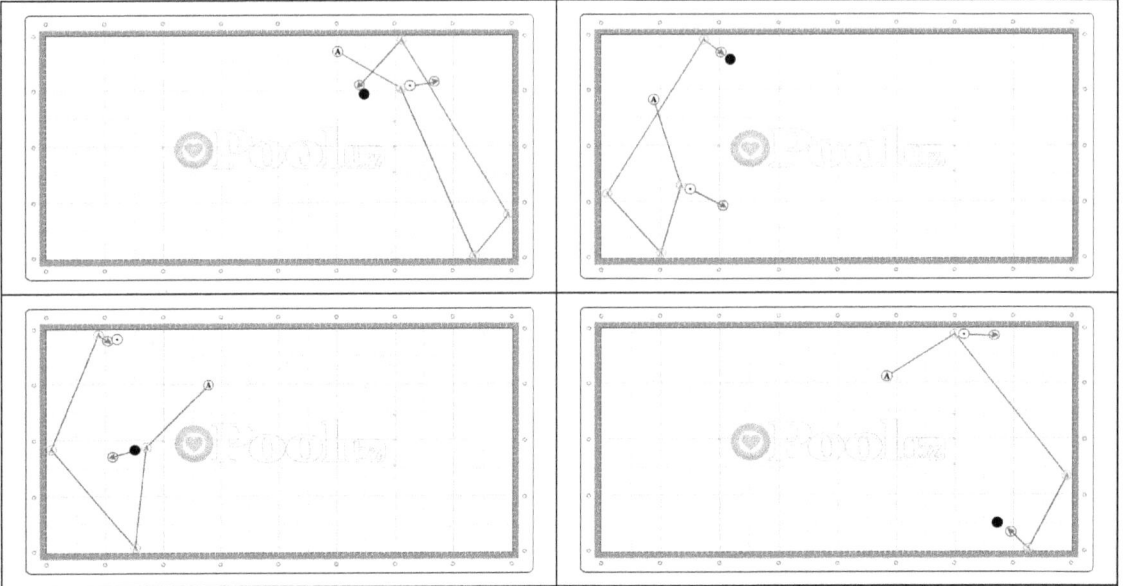

Analyysi:

C:1a. _____

C:1b. _____

C:1c. _____

C:1d. _____

C:1a – Piirustus

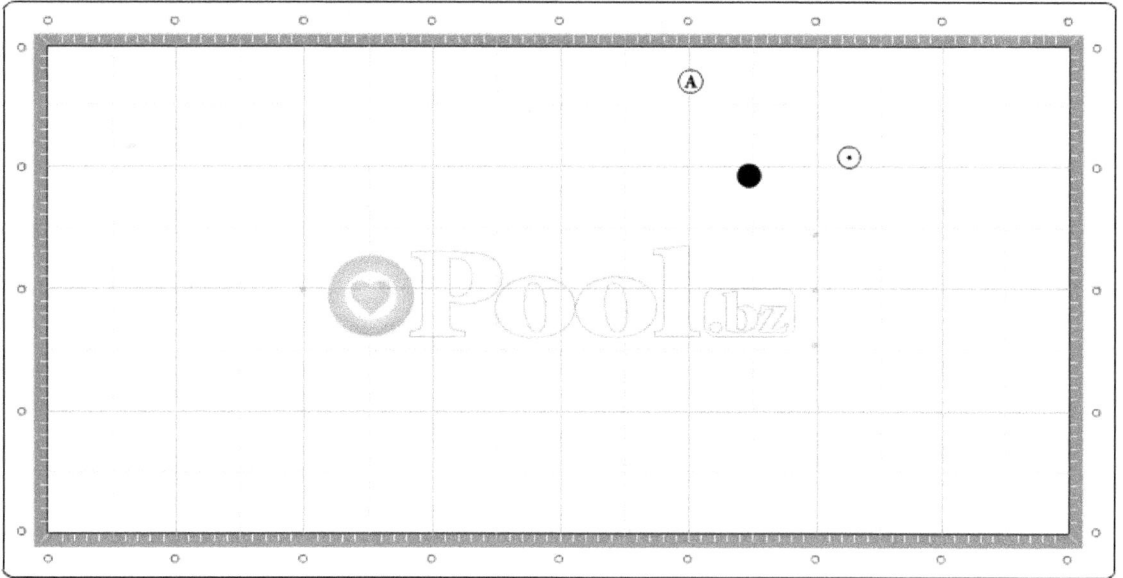

Huomautuksia ja ideoita:

Pallokuviota

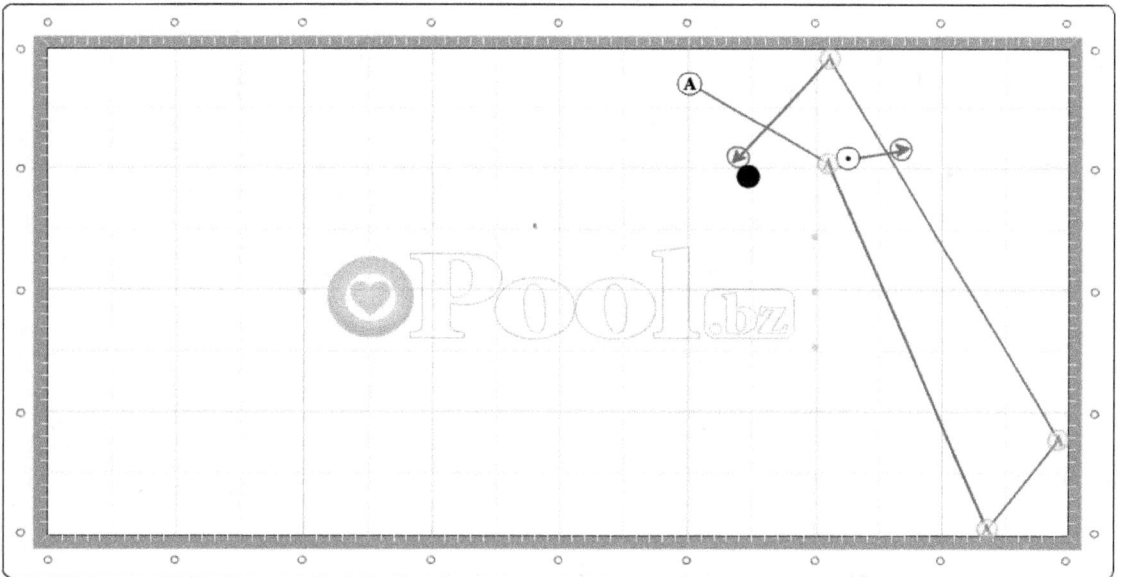

C:1b – Piirustus

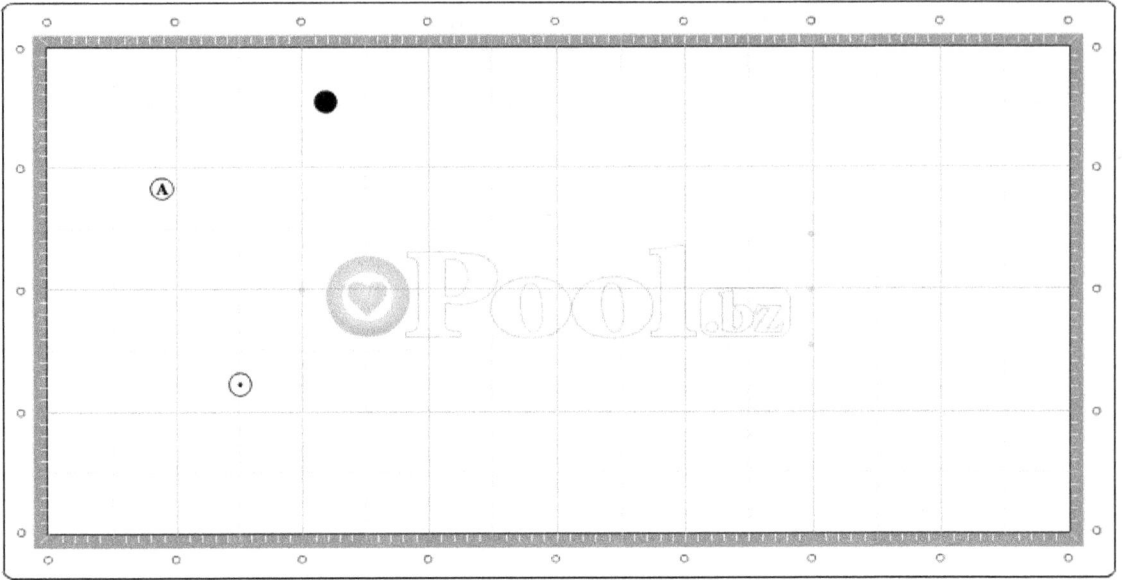

Huomautuksia ja ideoita:

Pallokuviota

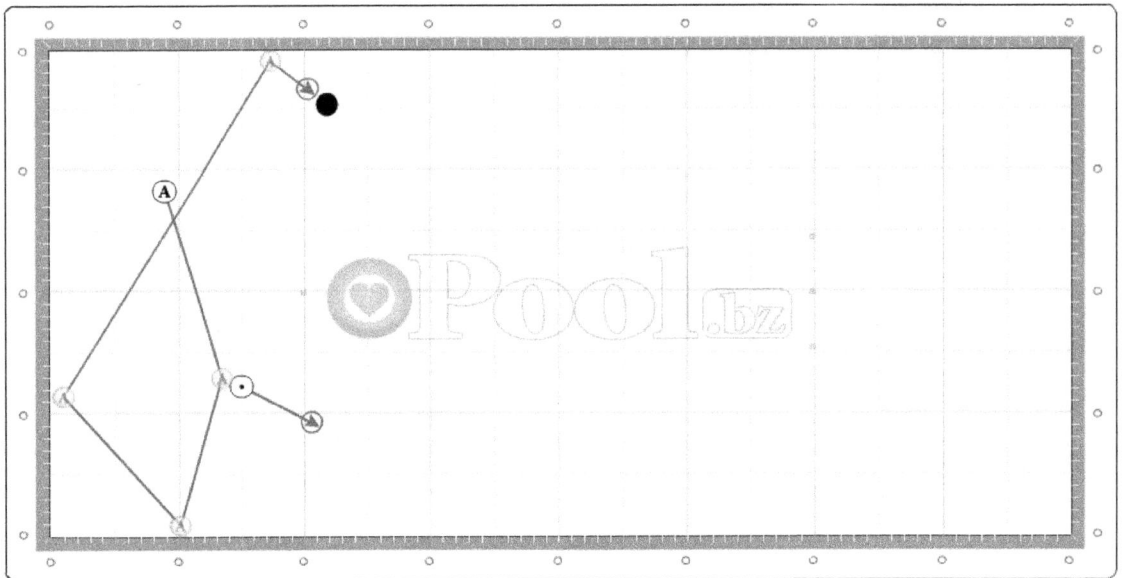

C:1c – Piirustus

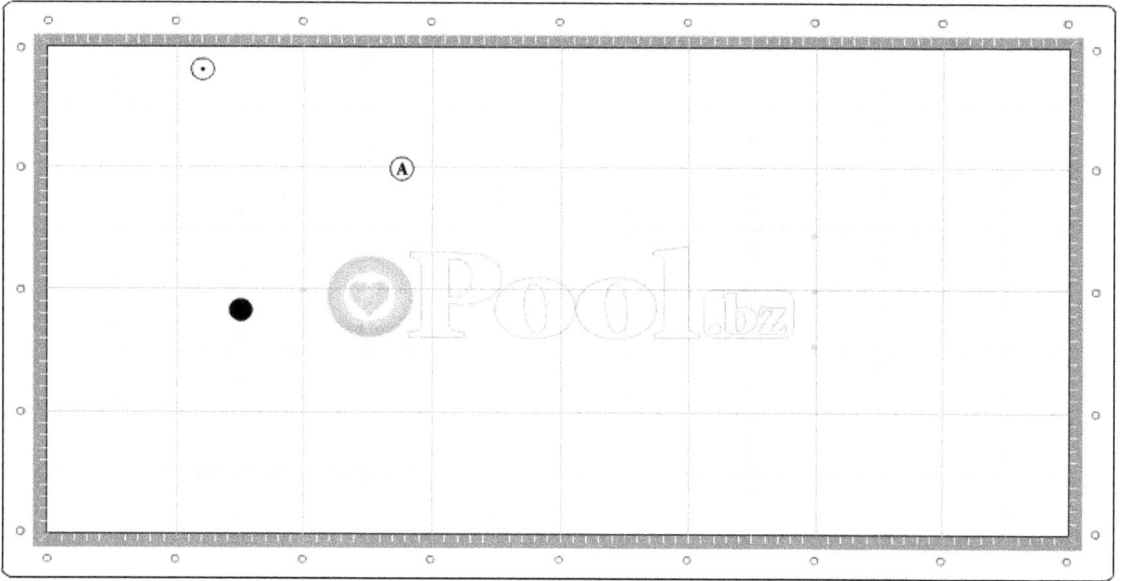

Huomautuksia ja ideoita:

Pallokuviota

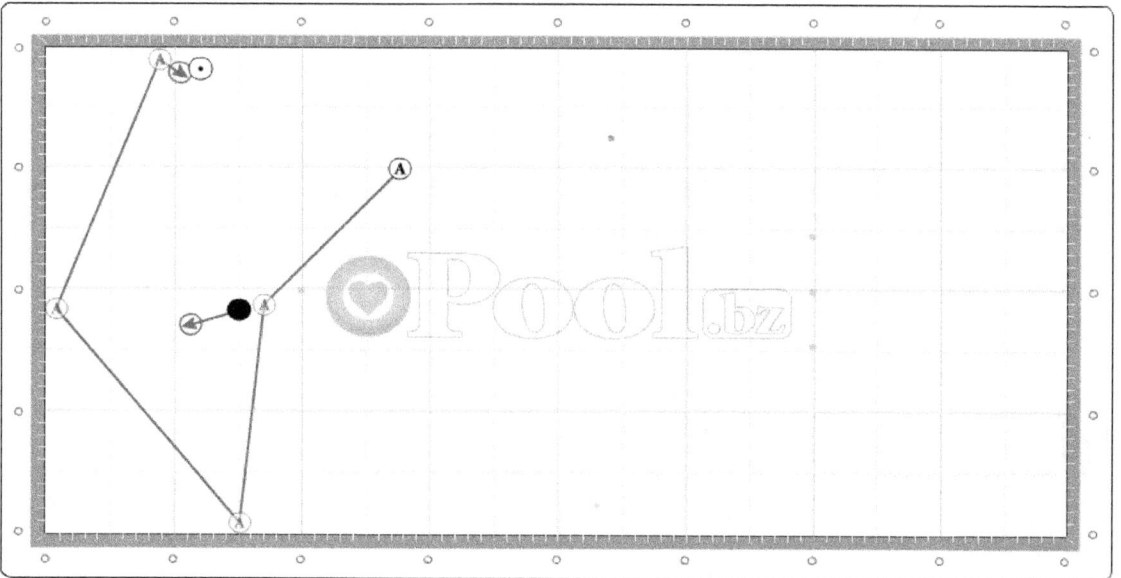

C:1d – Piirustus

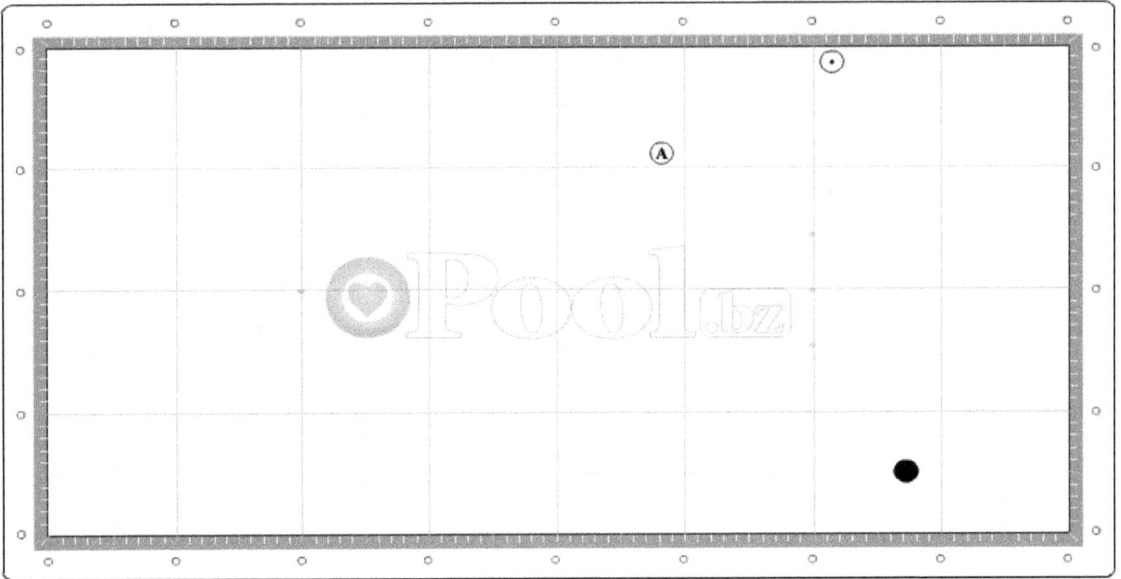

Huomautuksia ja ideoita:

Pallokuviota

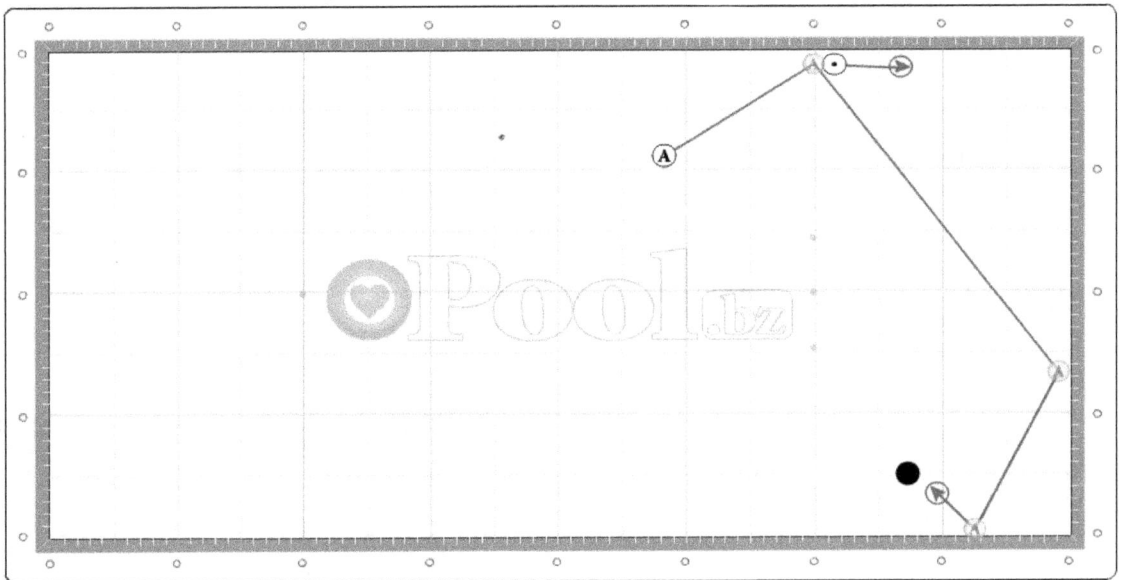

C: Ryhmä 2

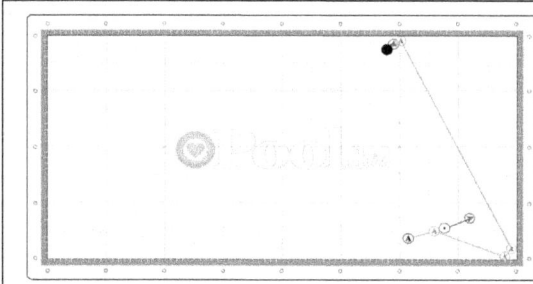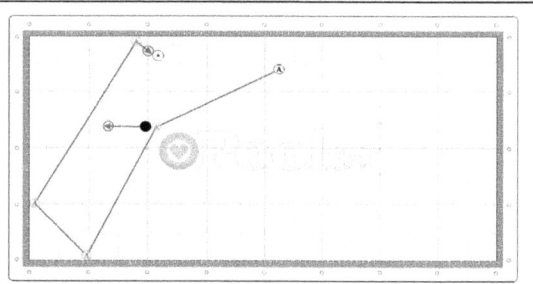
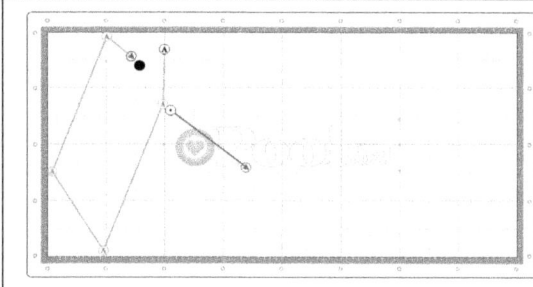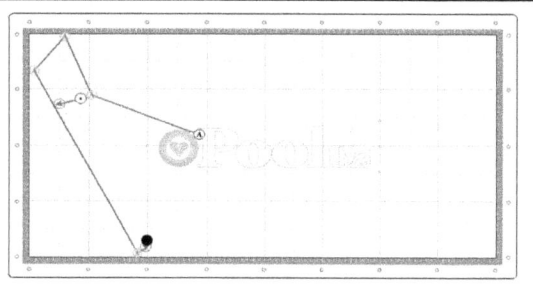

Analyysi:

C:2a. _____

C:2b. _____

C:2c. _____

C:2d. _____

C:2a – Piirustus

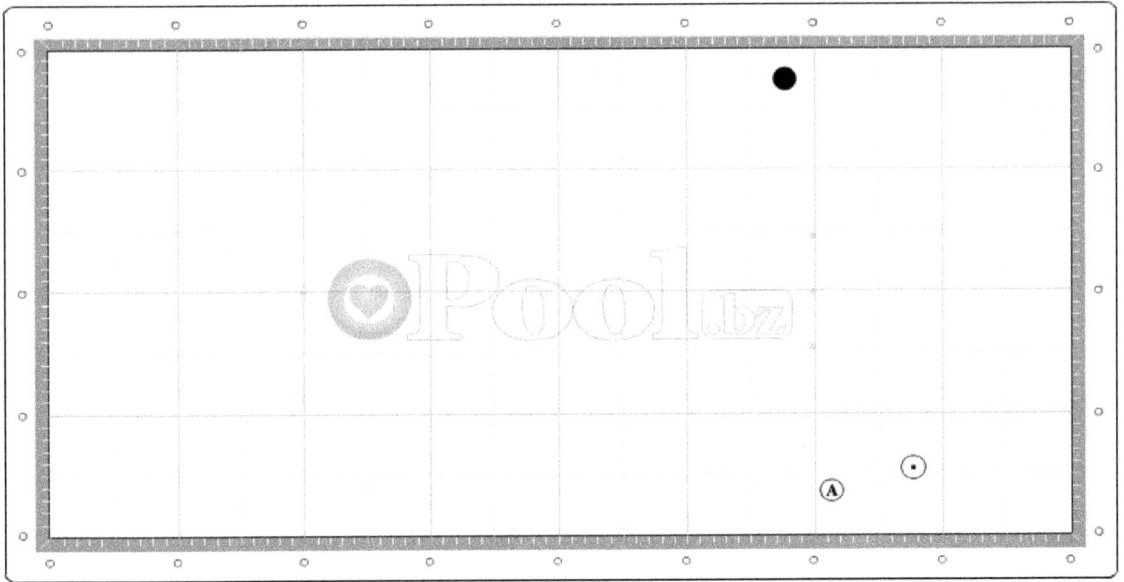

Huomautuksia ja ideoita:

Pallokuviota

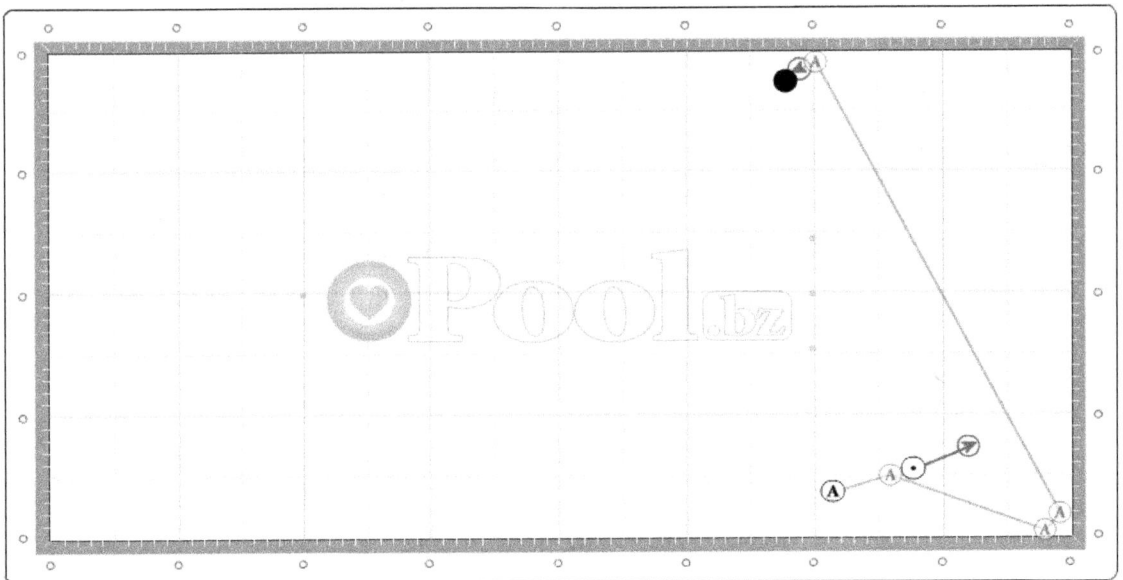

C:2b – Piirustus

Huomautuksia ja ideoita:

Pallokuviota

C:2c – Piirustus

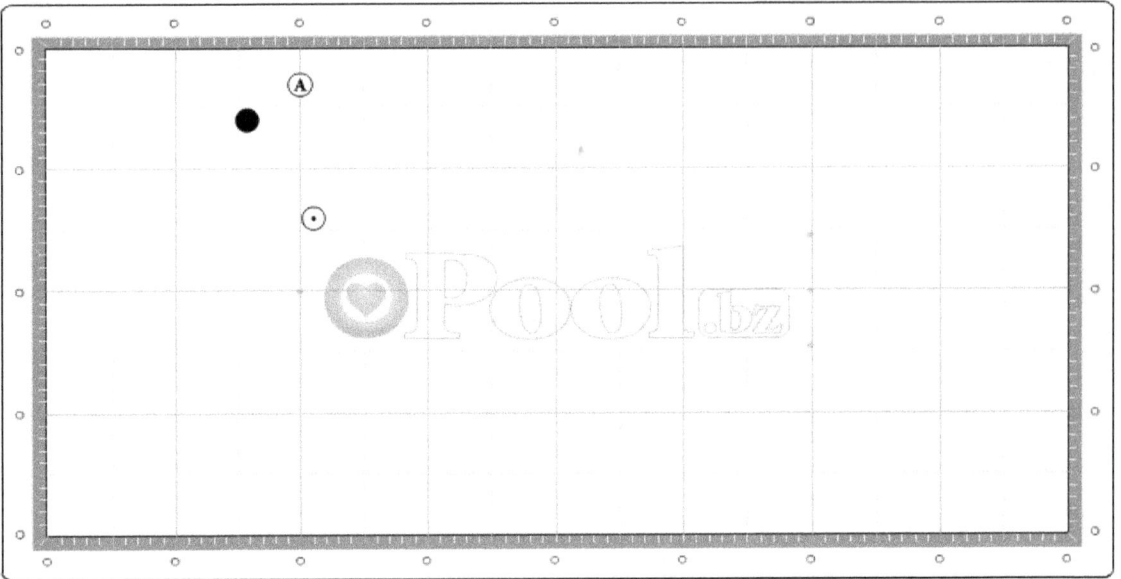

Huomautuksia ja ideoita:

Pallokuviota

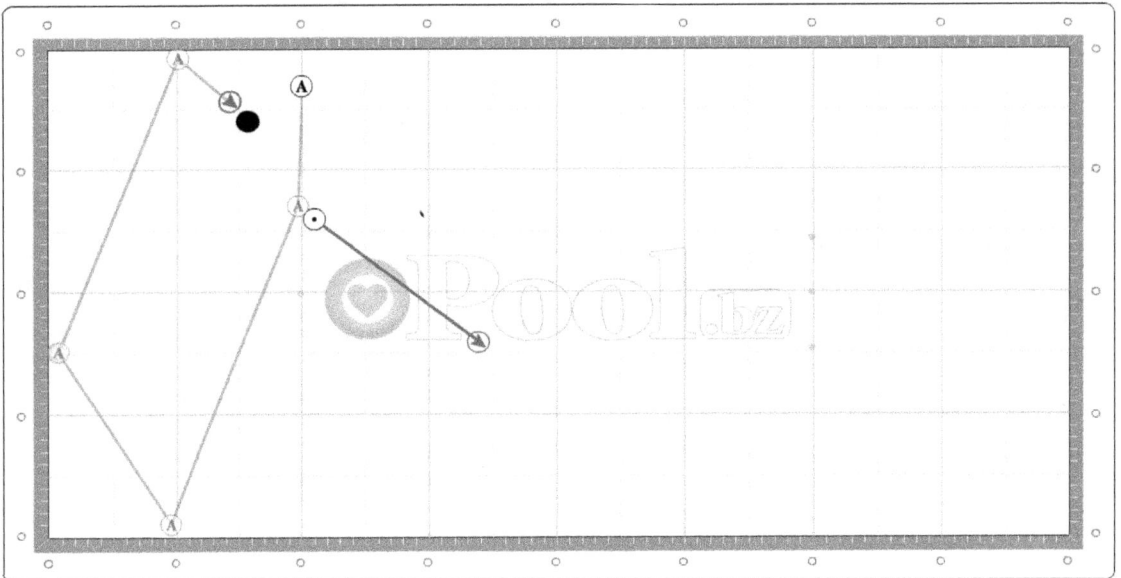

C:2d – Piirustus

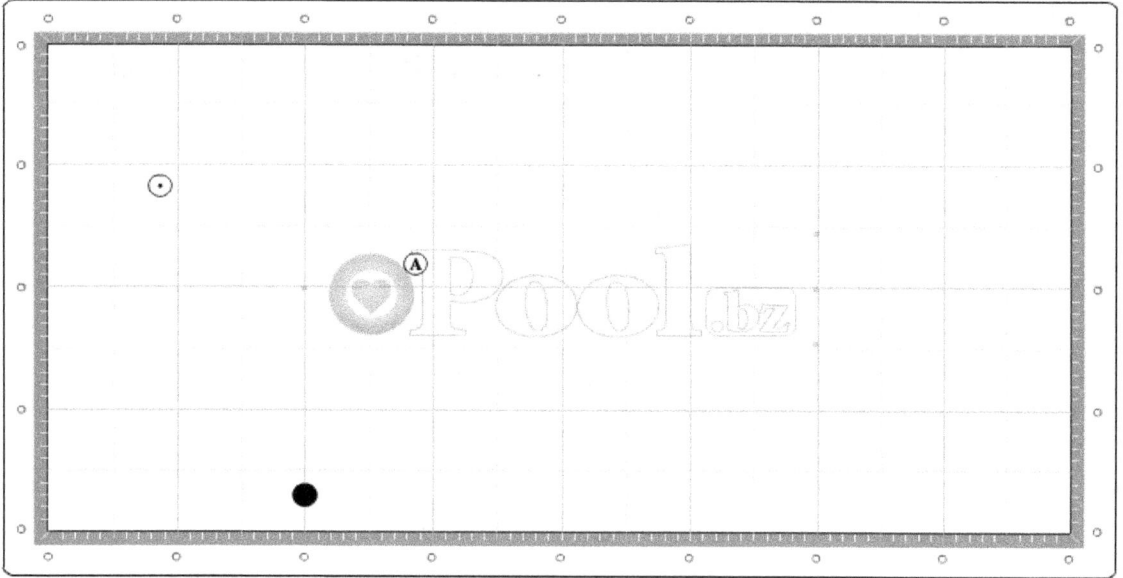

Huomautuksia ja ideoita:

Pallokuviota

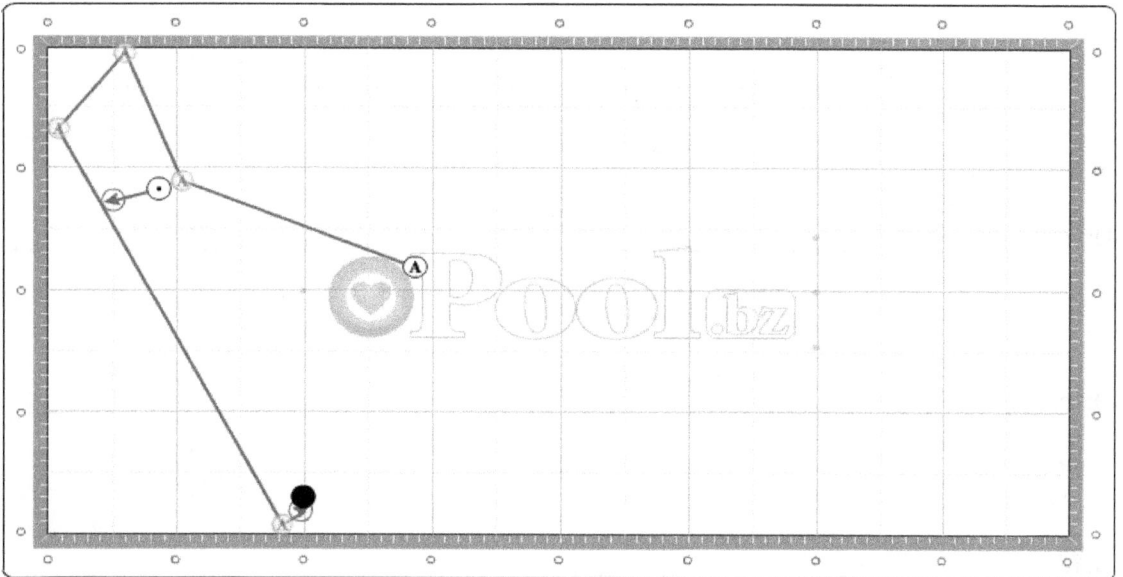

D: Sisäpuolella taaksepäin

(CB) irtoaa ensimmäisestä (OB), jossa on sivu- ja käänteiskierros.

(A) (CB) (sinun biljardipallo) – ⊙ (OB) (vastustaja biljardipallo) – ⬤ (OB) (punainen biljardipallo)

D: Ryhmä 1

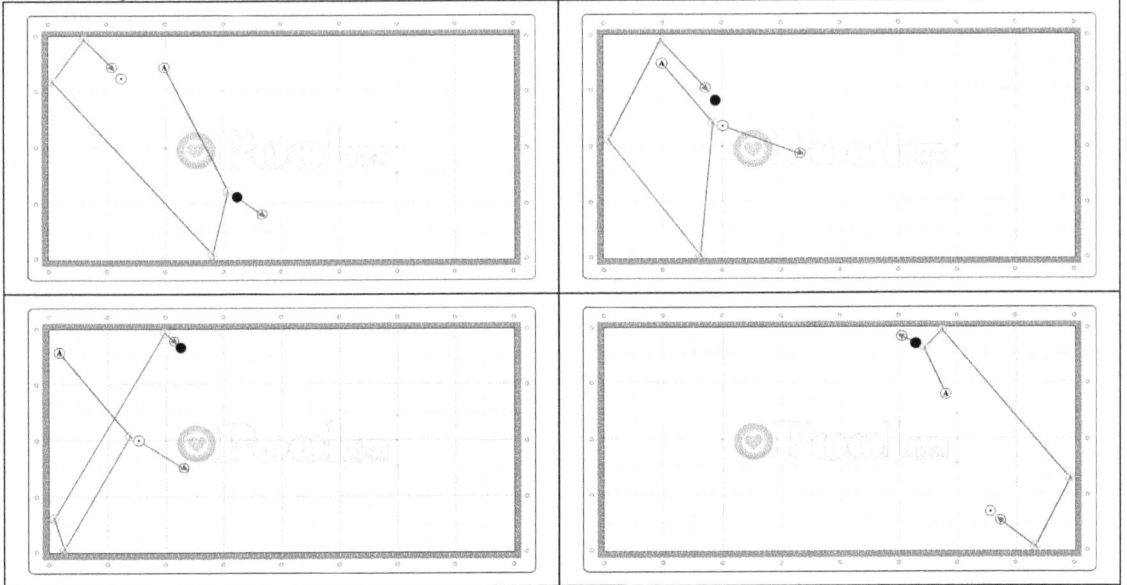

Analyysi:

D:1a. _____

D:1b. _____

D:1c. _____

D:1d. _____

D:1a – Piirustus

Huomautuksia ja ideoita:

Pallokuviota

D:1b – Piirustus

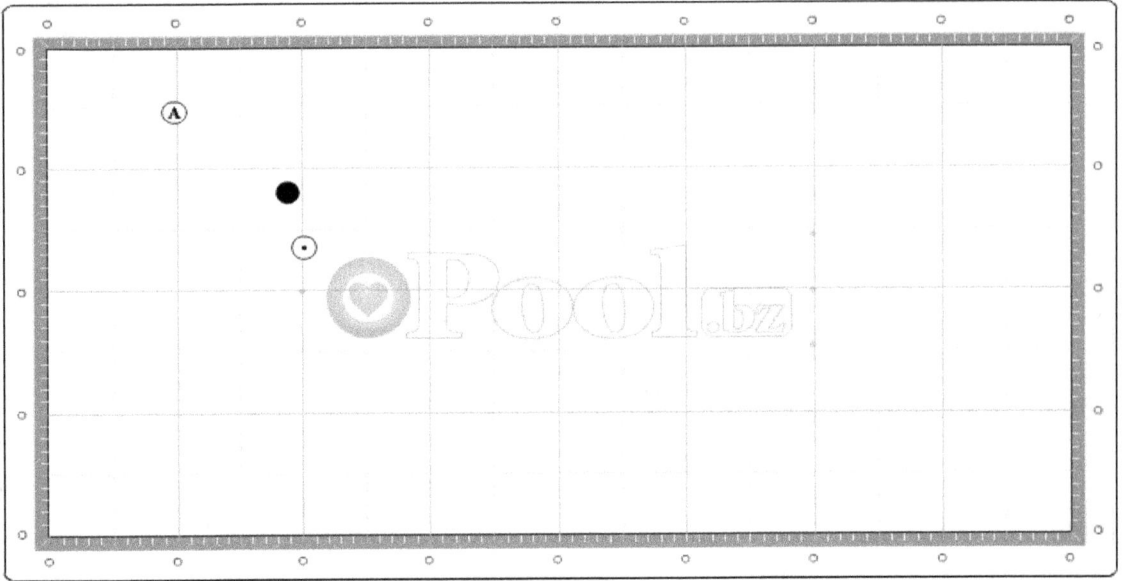

Huomautuksia ja ideoita:

Pallokuviota

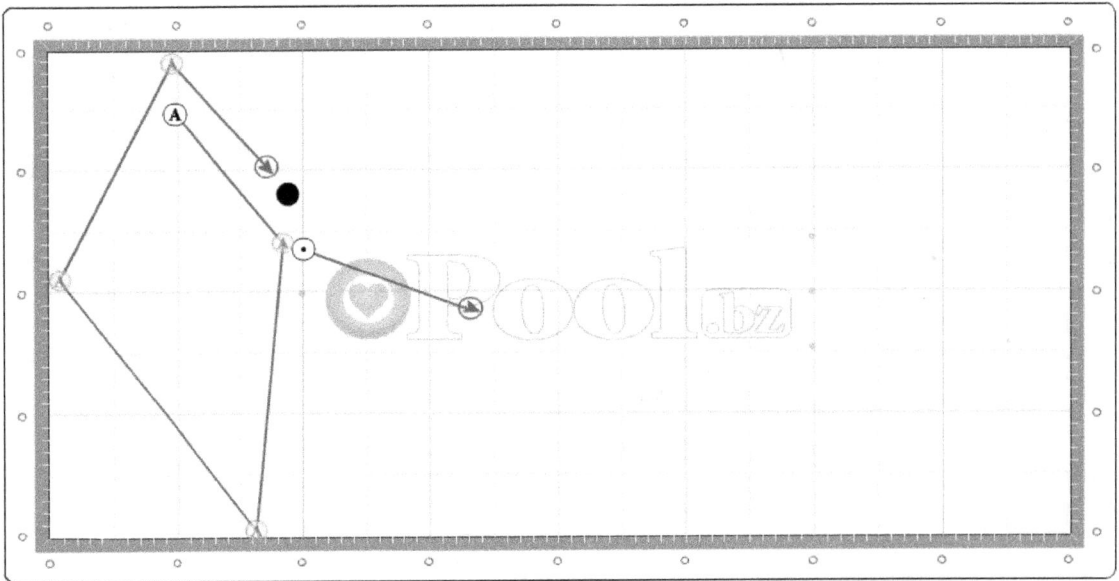

D:1c – Piirustus

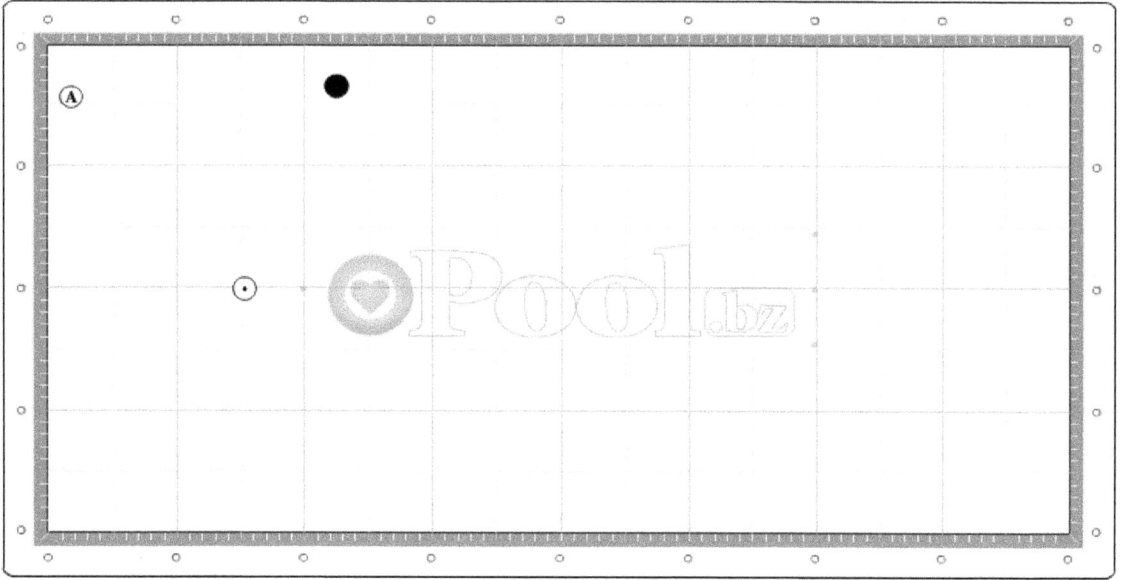

Huomautuksia ja ideoita:

Pallokuviota

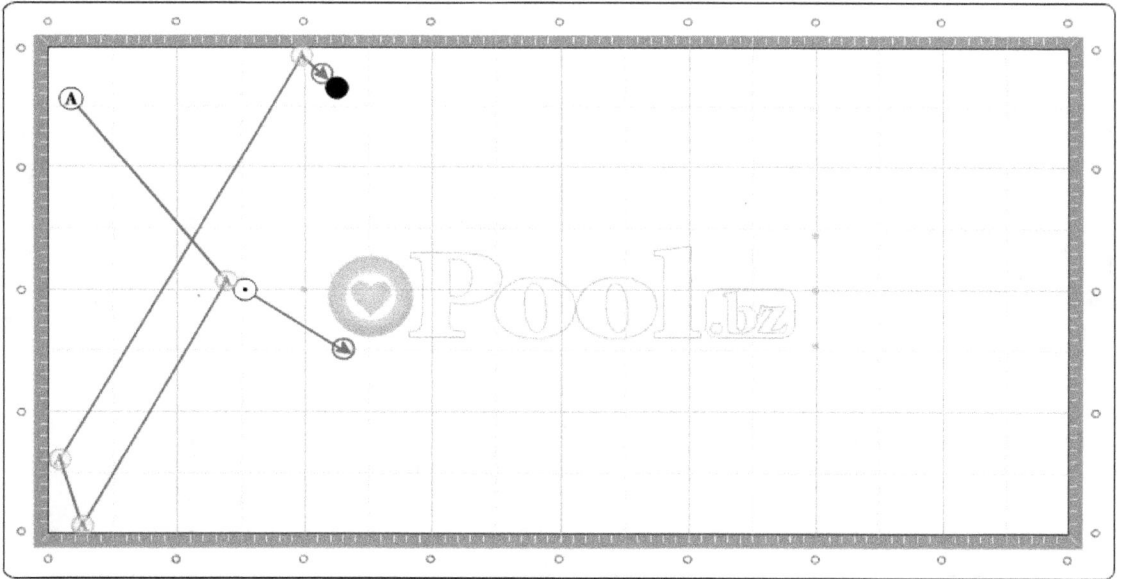

D:1d – Piirustus

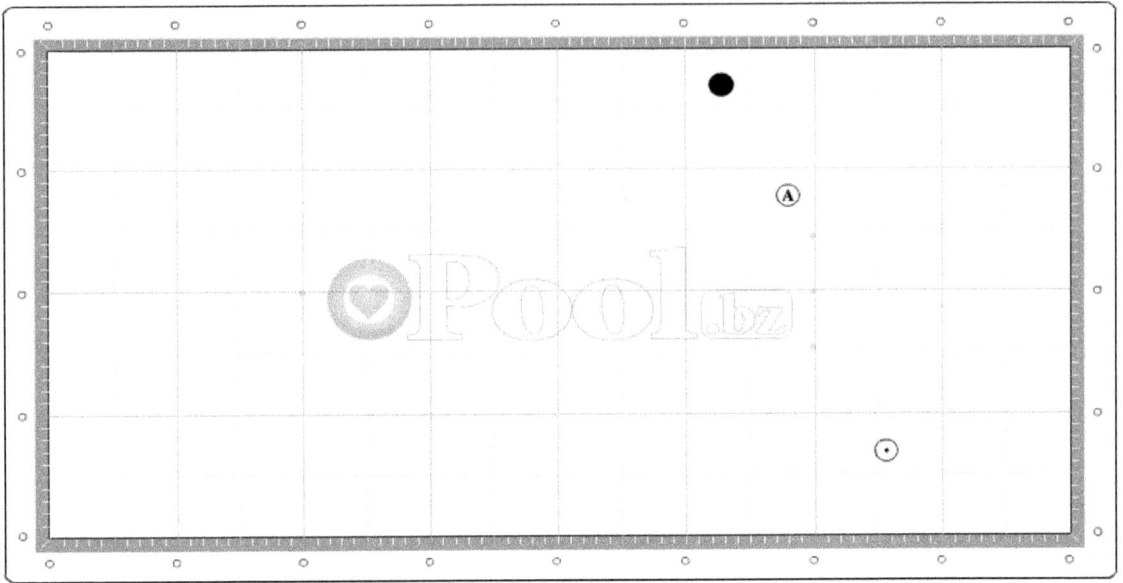

Huomautuksia ja ideoita:

Pallokuviota

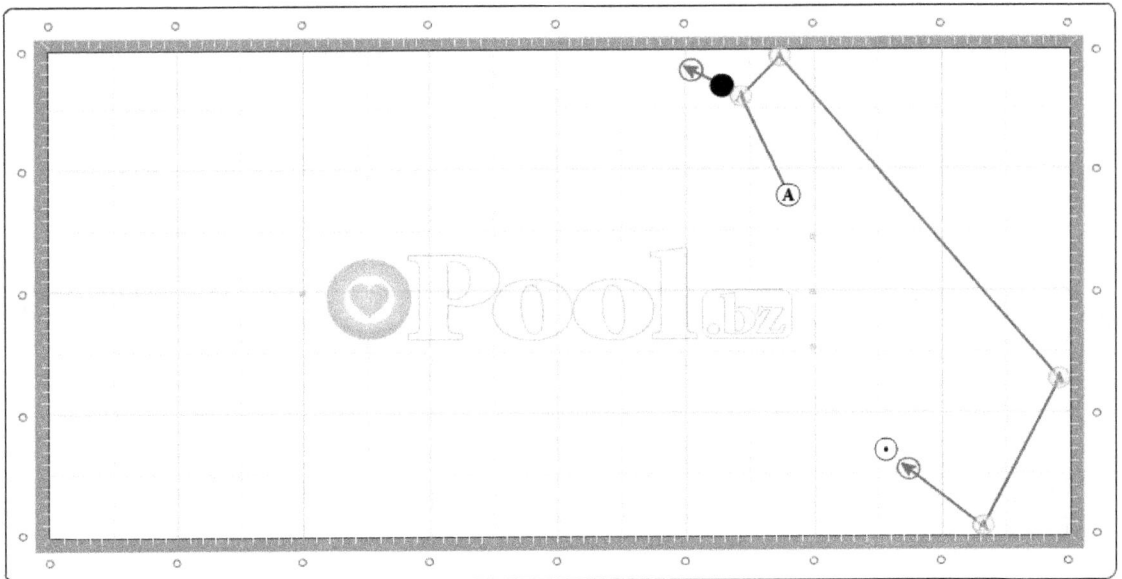

D: Ryhmä 2

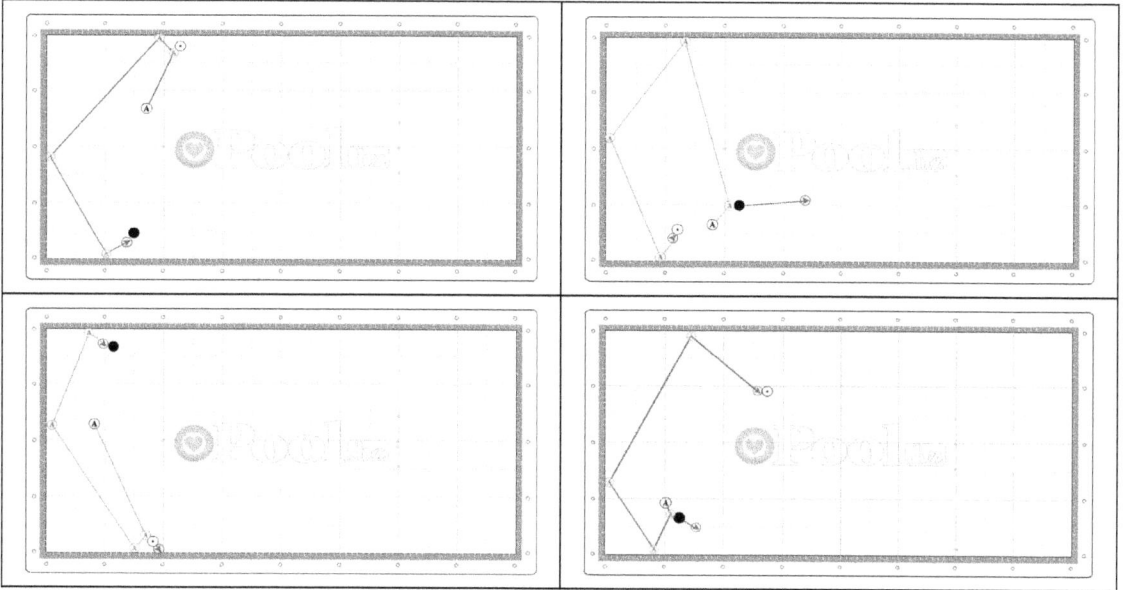

Analyysi:

D:2a. _____

D:2b. _____

D:2c. _____

D:2d. _____

D:2a – Piirustus

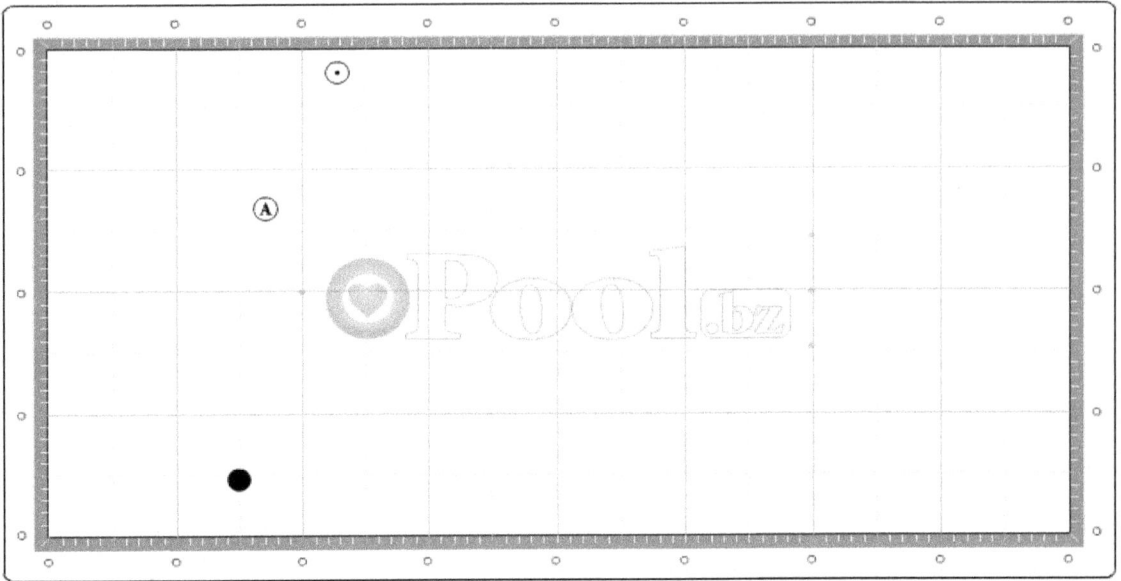

Huomautuksia ja ideoita:

Pallokuviota

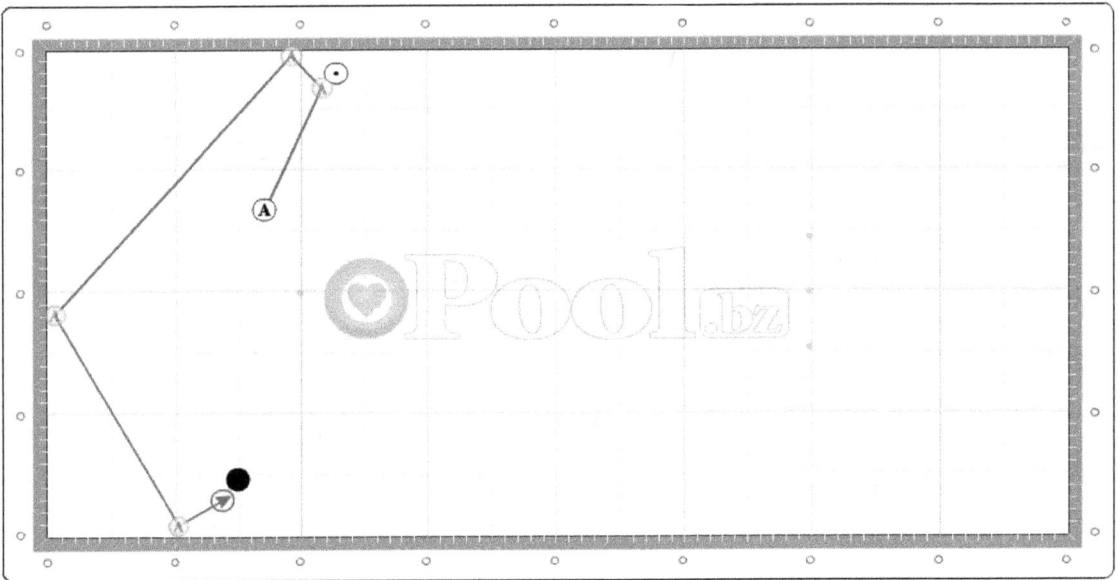

D:2b – Piirustus

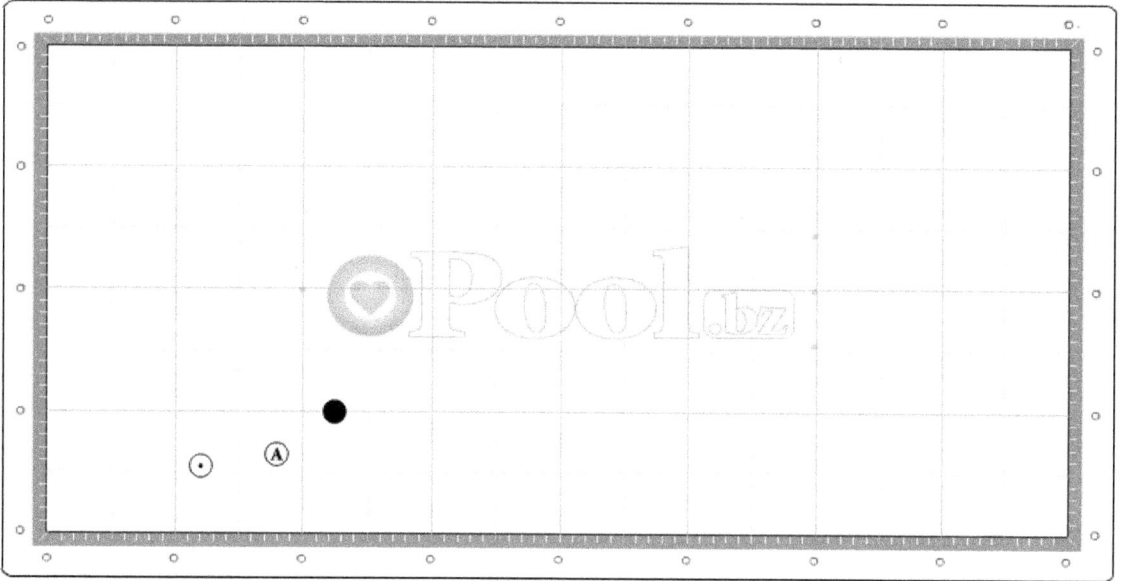

Huomautuksia ja ideoita:

Pallokuviota

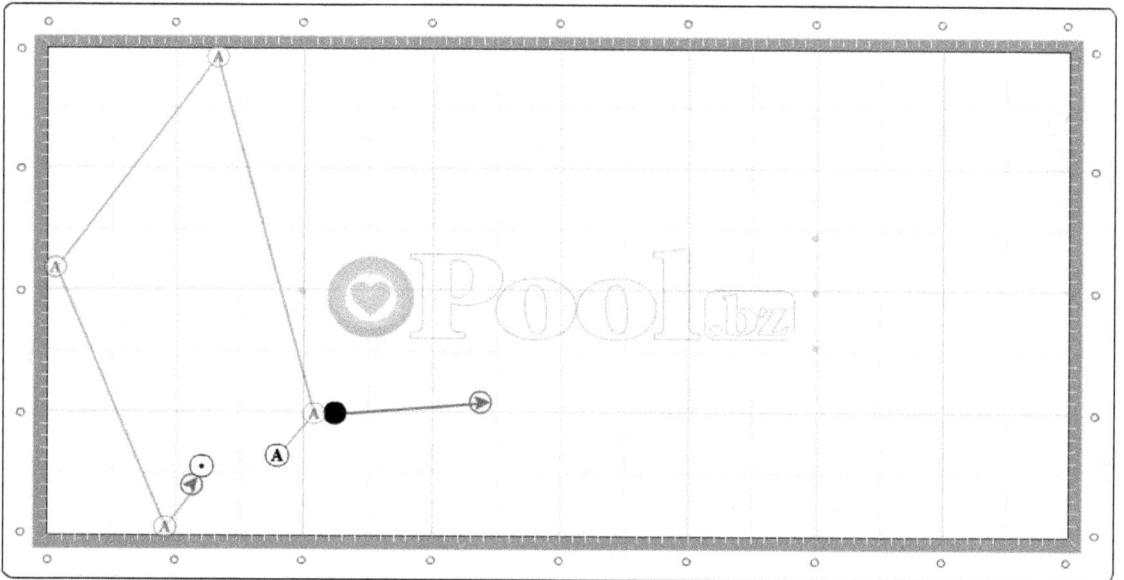

D:2c – Piirustus

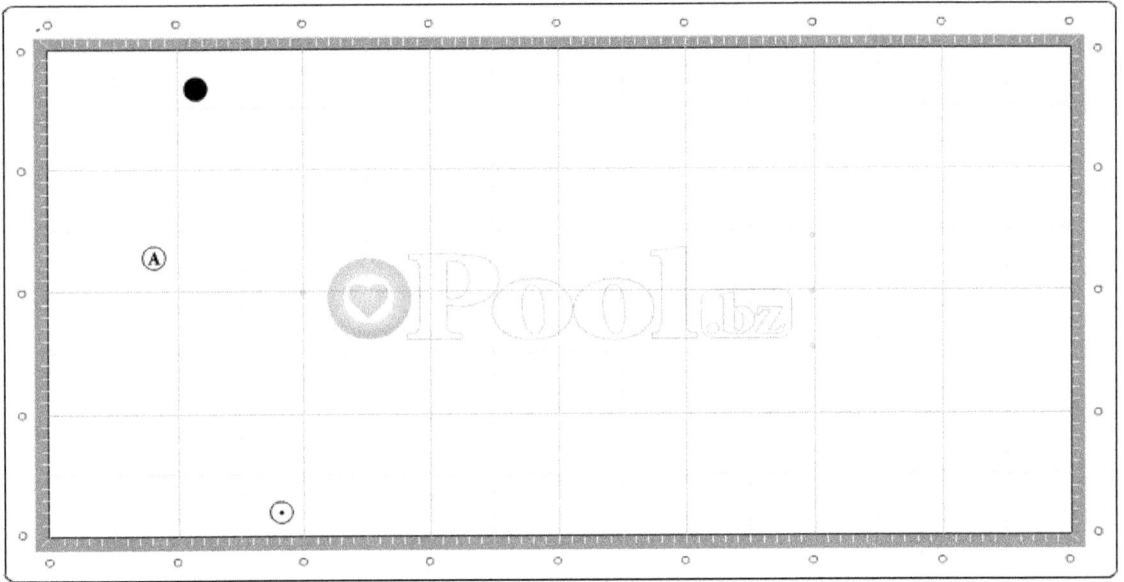

Huomautuksia ja ideoita:

Pallokuviota

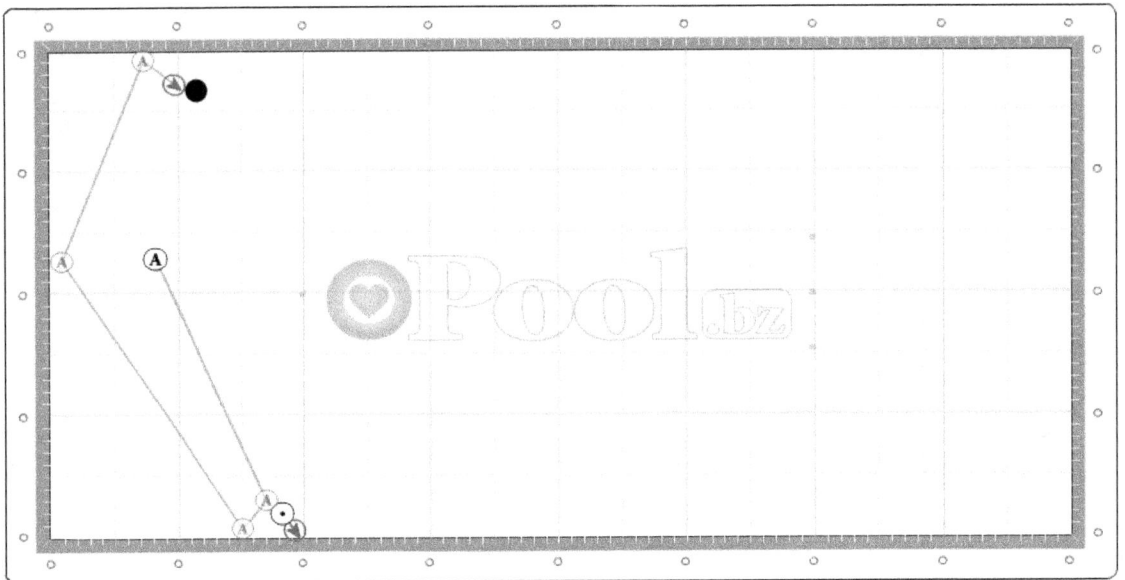

D:2d – Piirustus

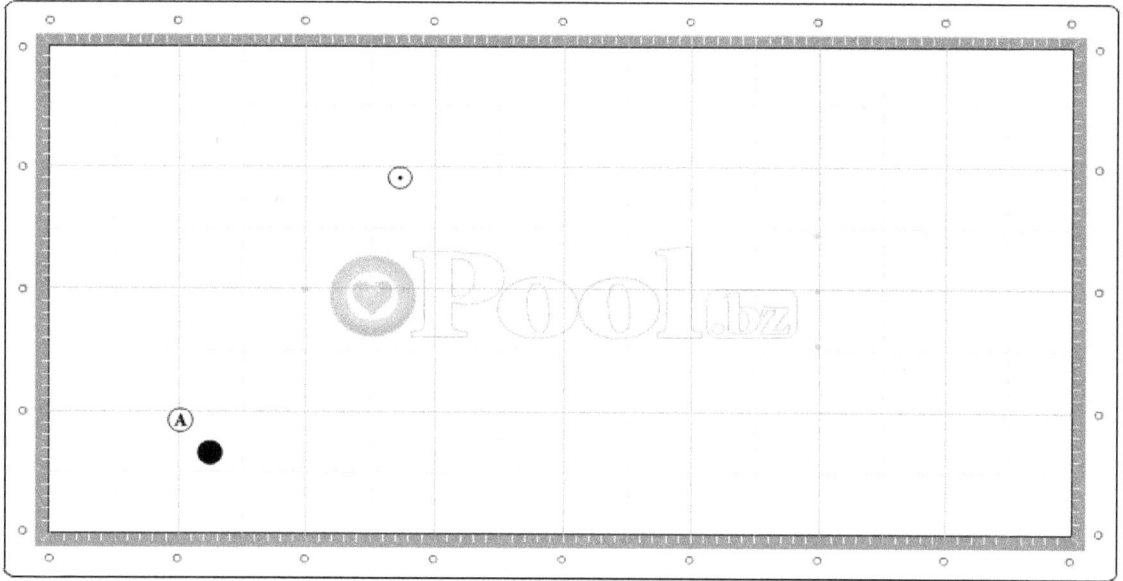

Huomautuksia ja ideoita:

Pallokuviota

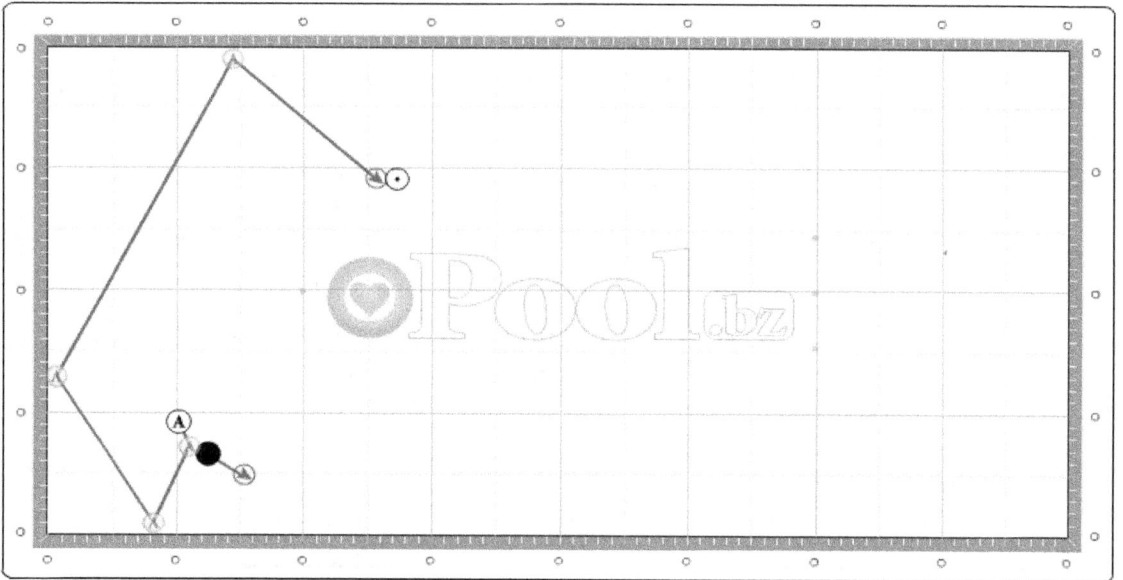

E: Laajennettu ensimmäinen jalka

(CB) matkustaa pitkän matkan päästäkseen ensimmäiseen (OB).

E: Ryhmä 1

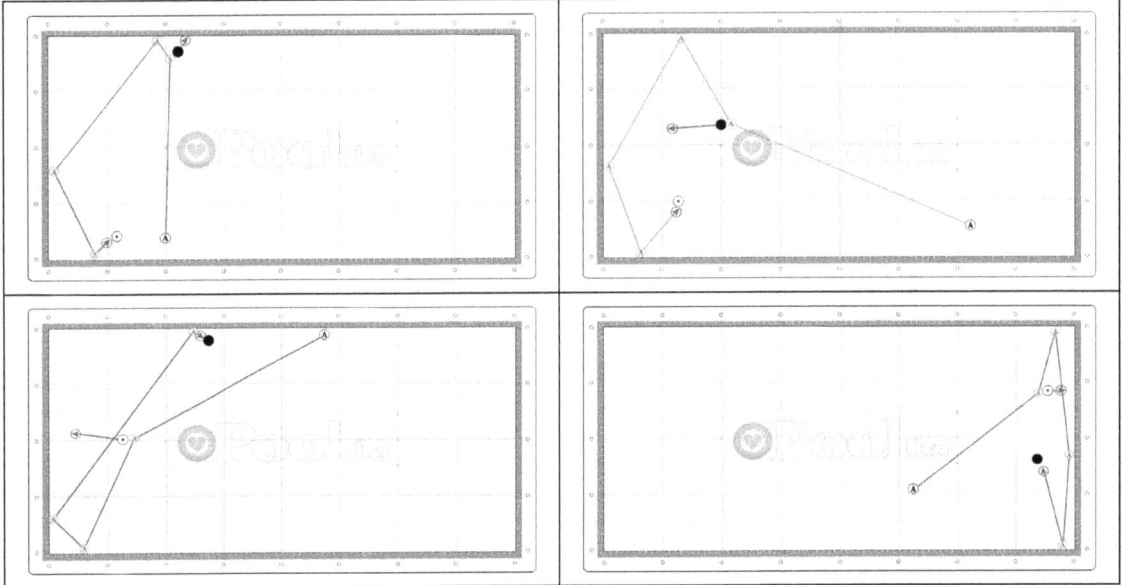

Analyysi:

E:1a. _____

E:1b. _____

E:1c. _____

E:1d. _____

E:1a – Piirustus

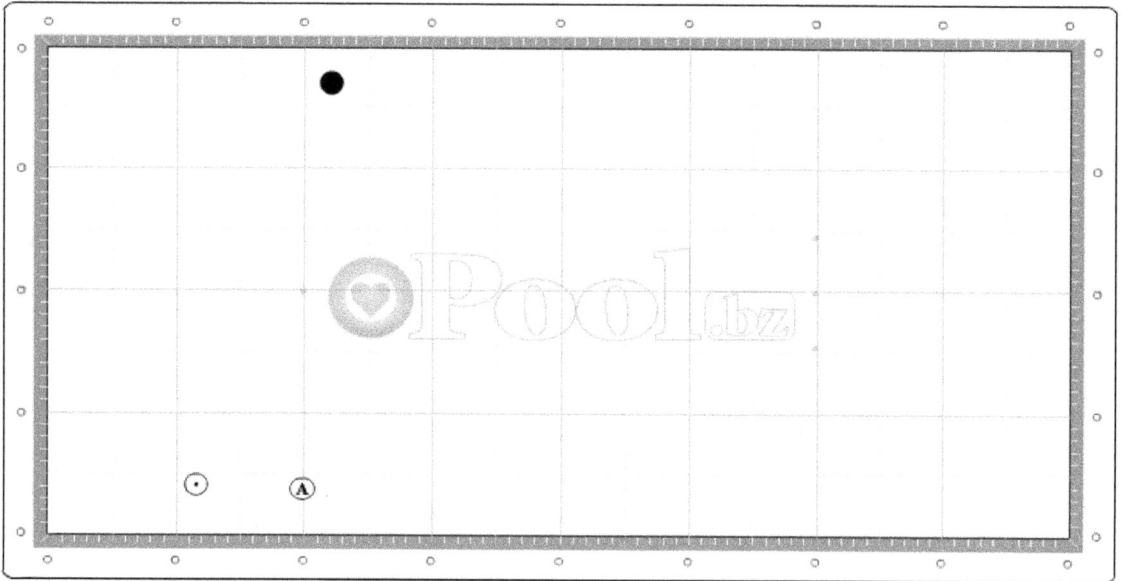

Huomautuksia ja ideoita:

Pallokuviota

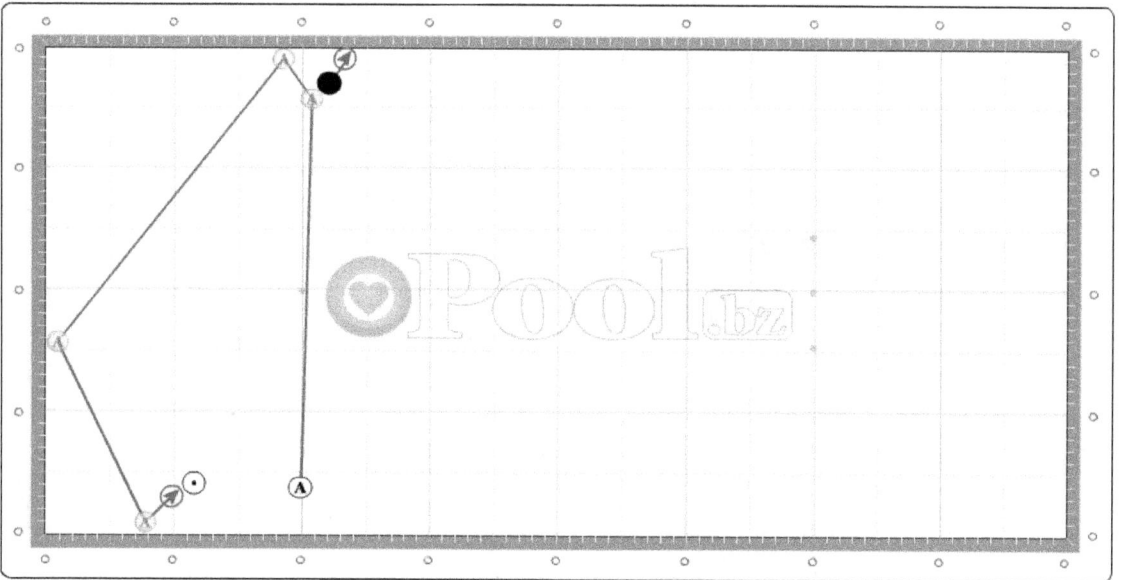

E:1b – Piirustus

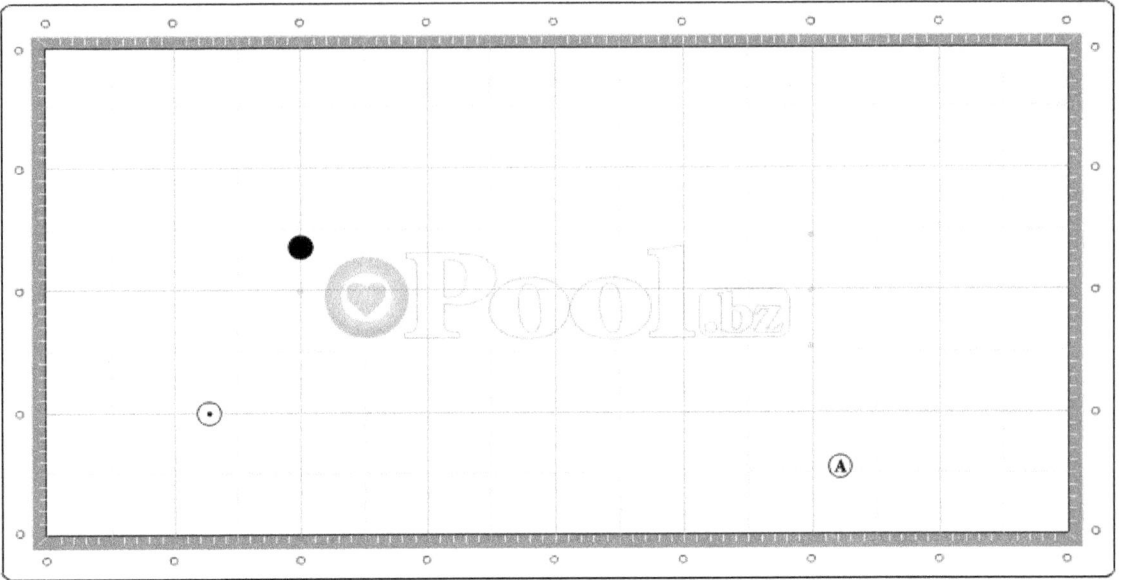

Huomautuksia ja ideoita:

Pallokuviota

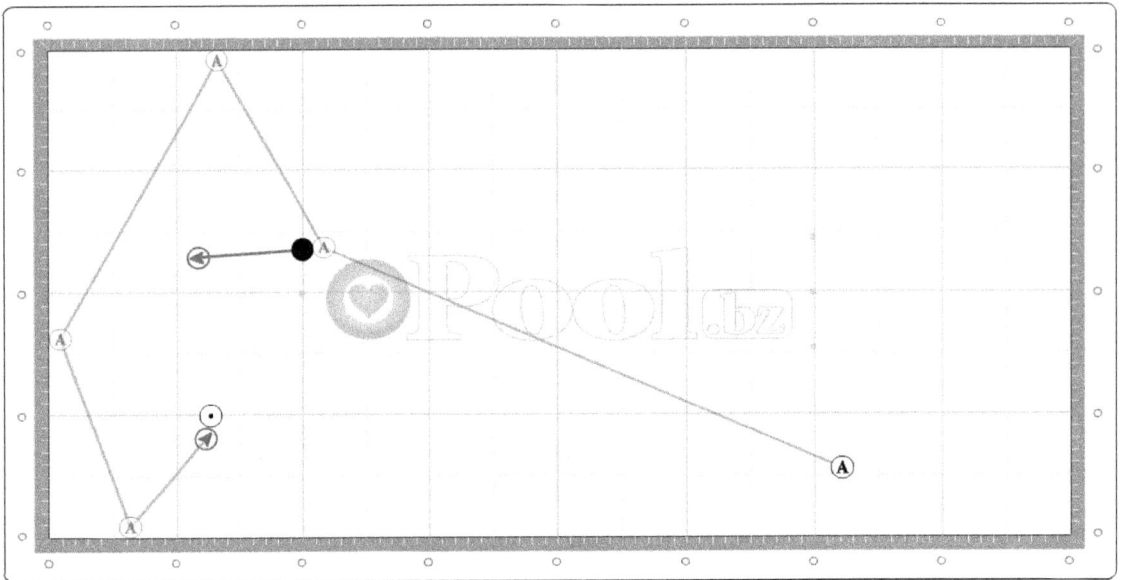

E:1c – Piirustus

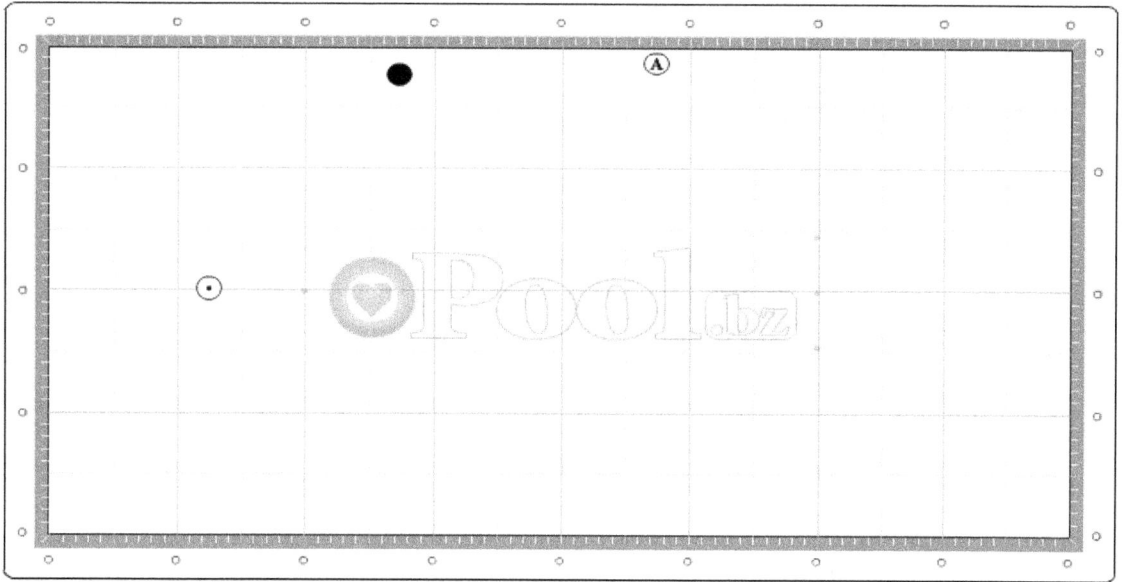

Huomautuksia ja ideoita:

Pallokuviota

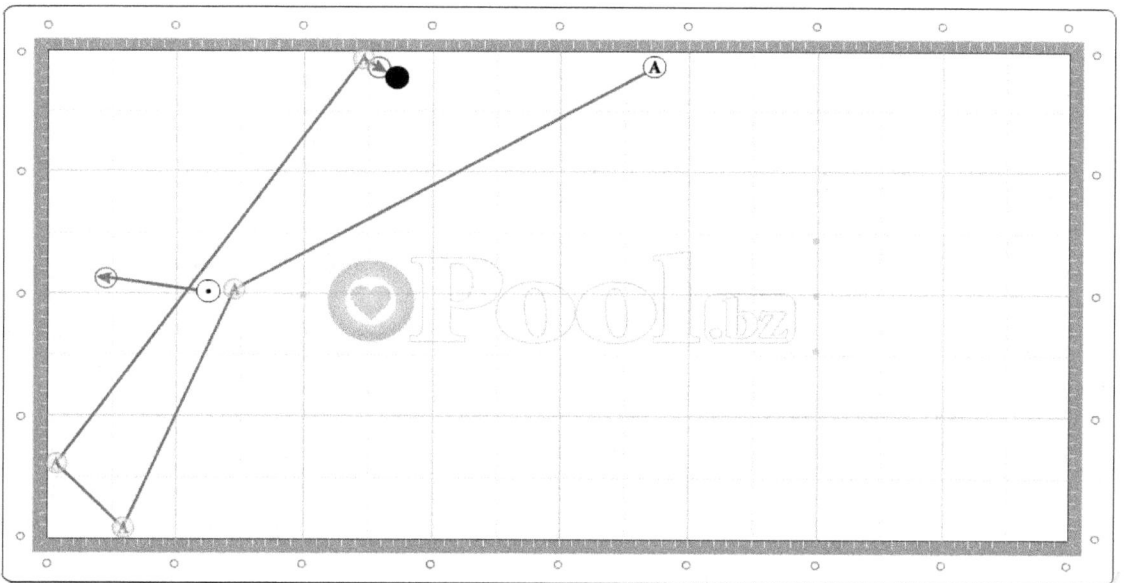

E:1d – Piirustus

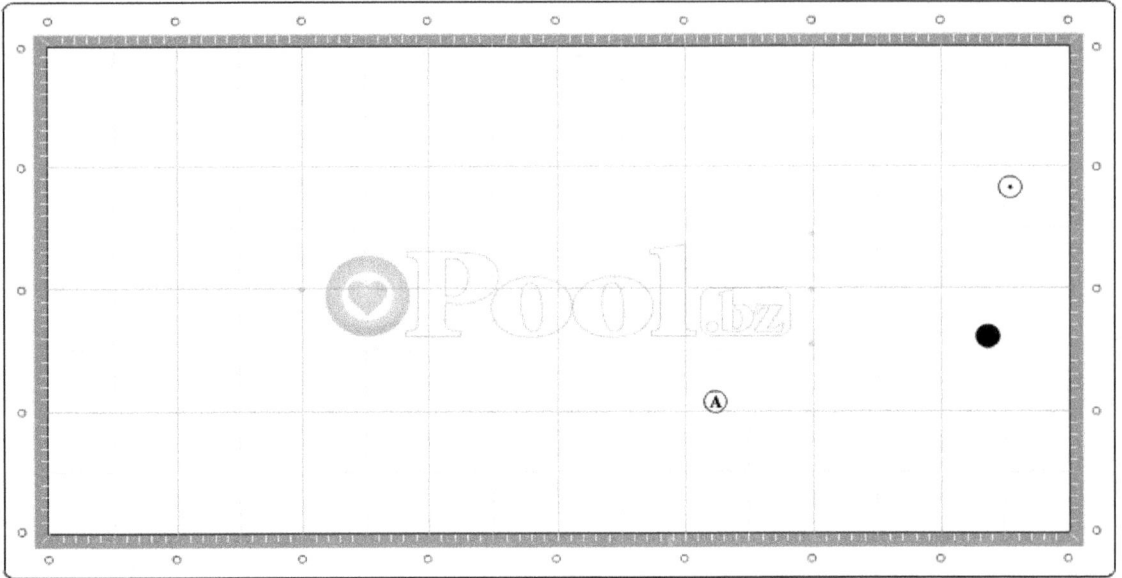

Huomautuksia ja ideoita:

Pallokuviota

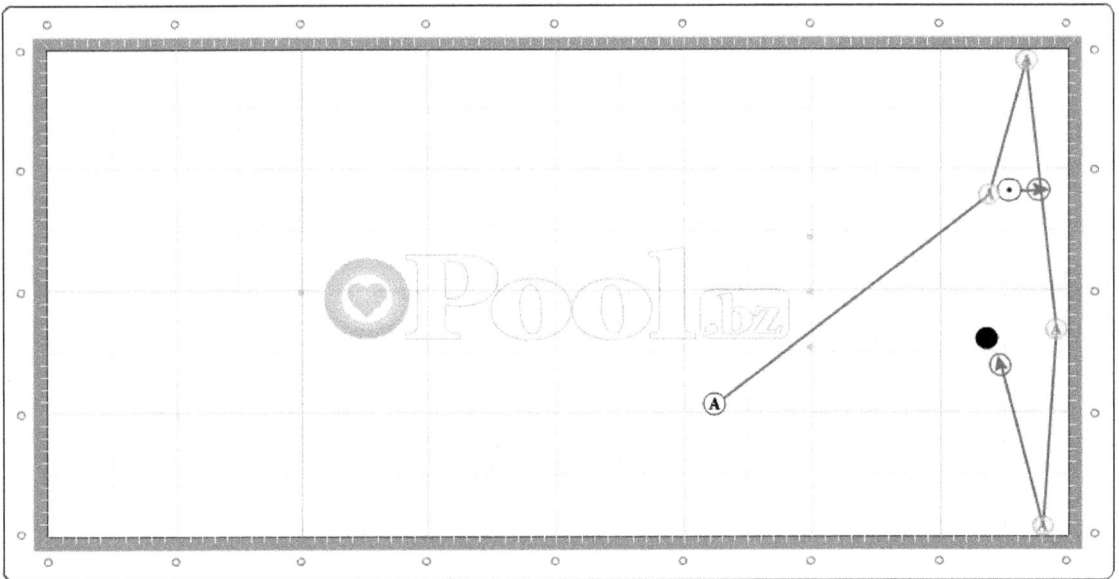

E: Ryhmä 2

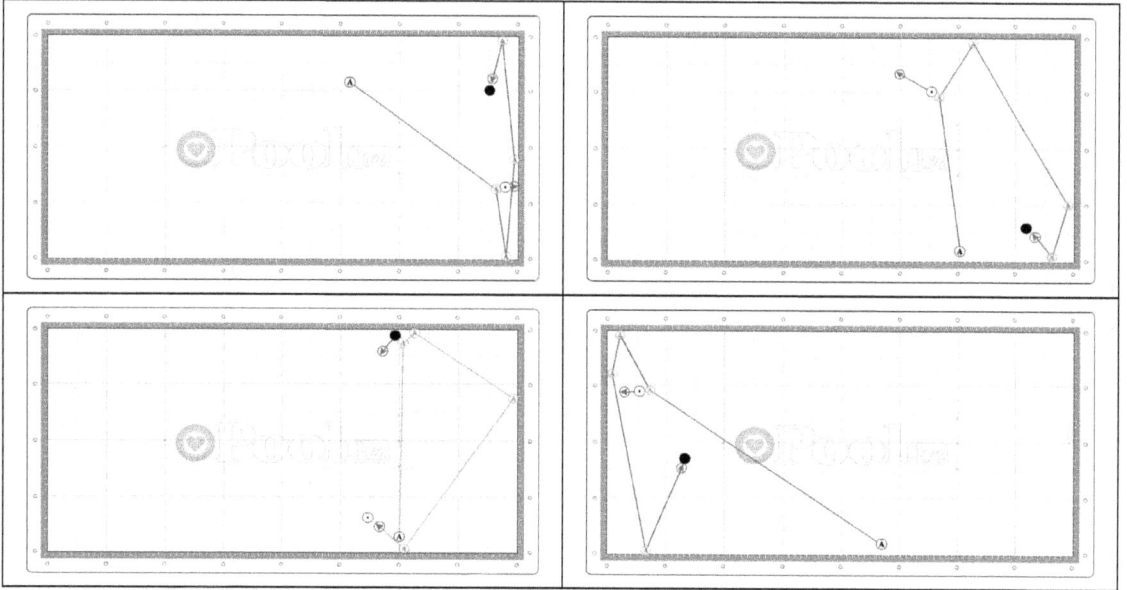

Analyysi:

E:2a. _____

E:2b. _____

E:2c. _____

E:2d. _____

E:2a – Piirustus

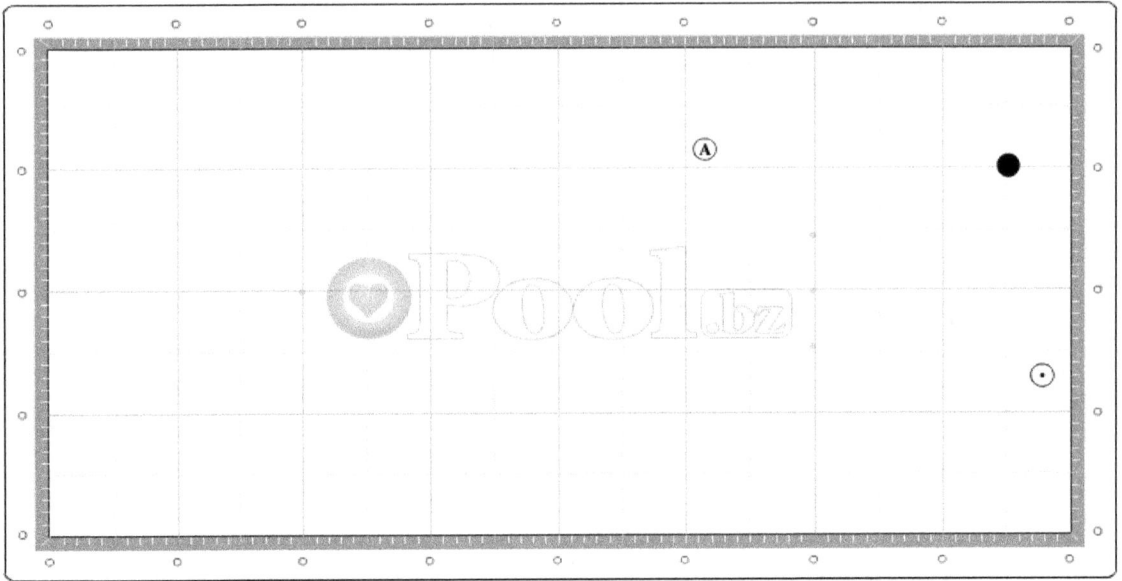

Huomautuksia ja ideoita:

Pallokuviota

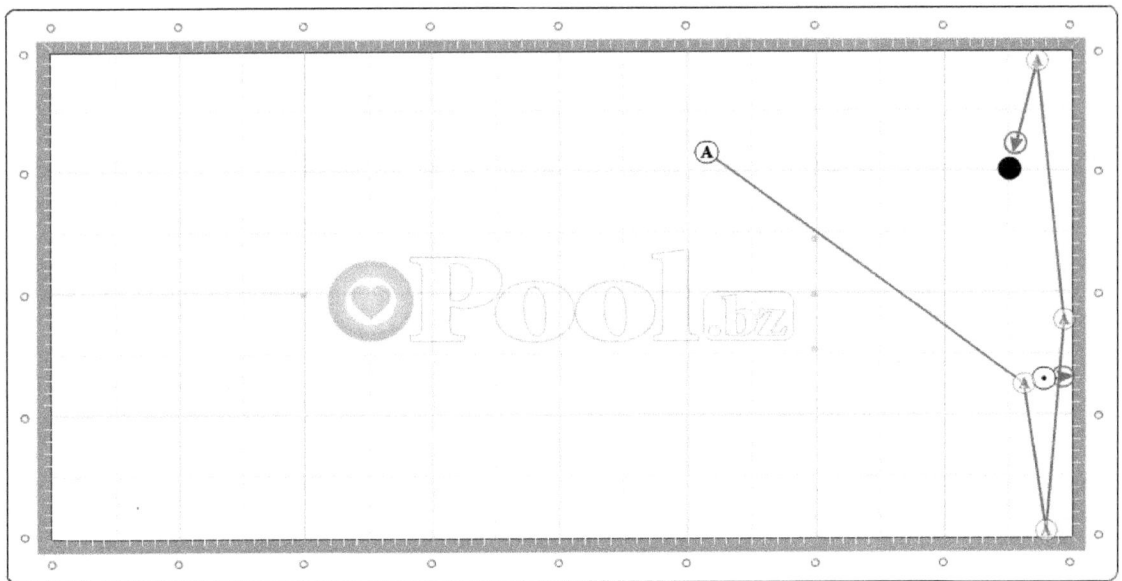

E:2b – Piirustus

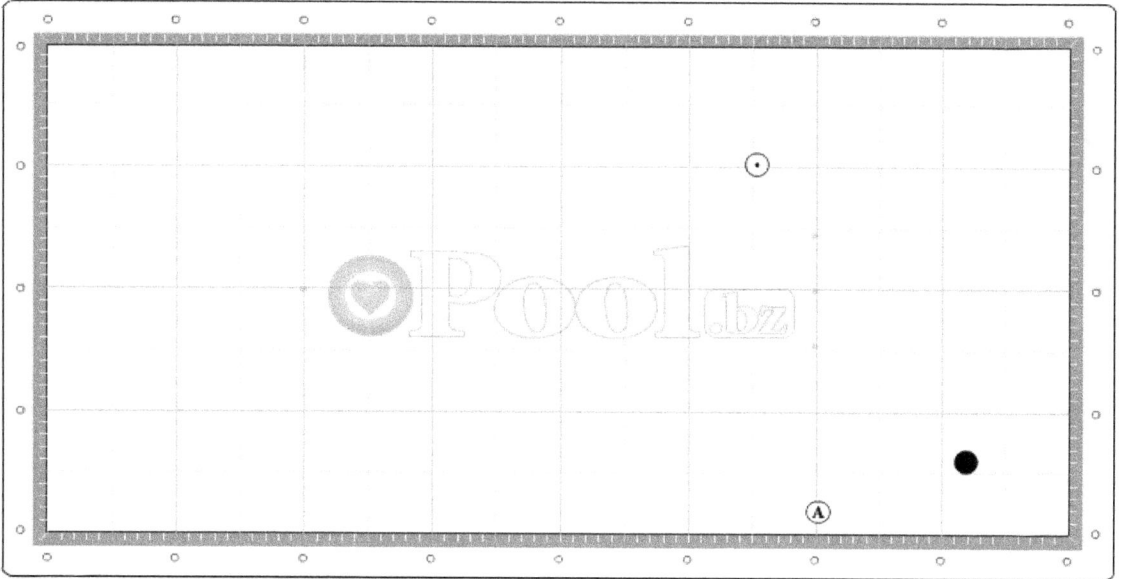

Huomautuksia ja ideoita:

Pallokuviota

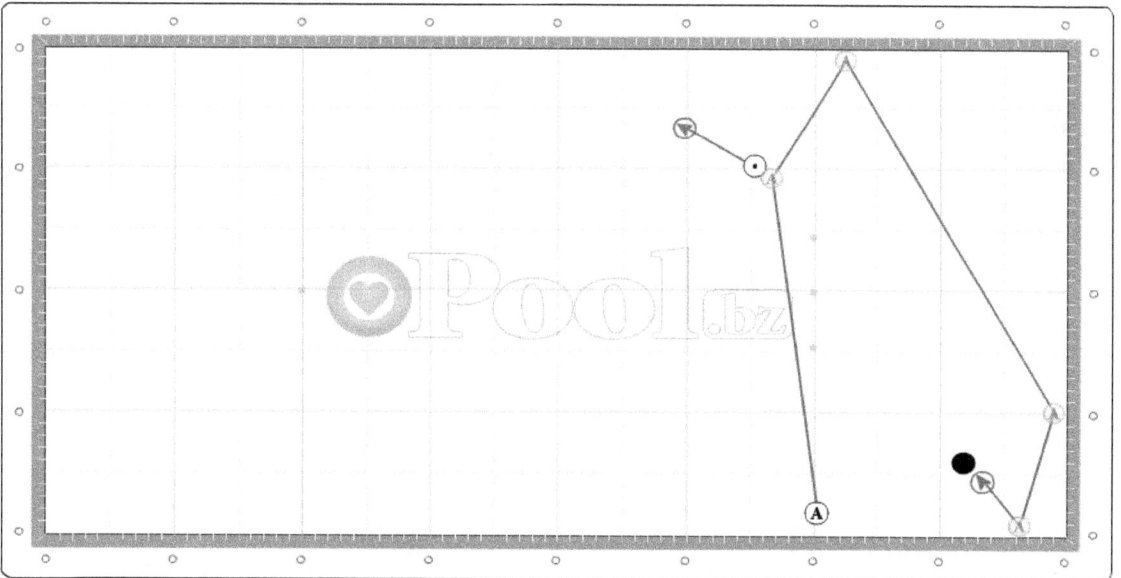

E:2c – Piirustus

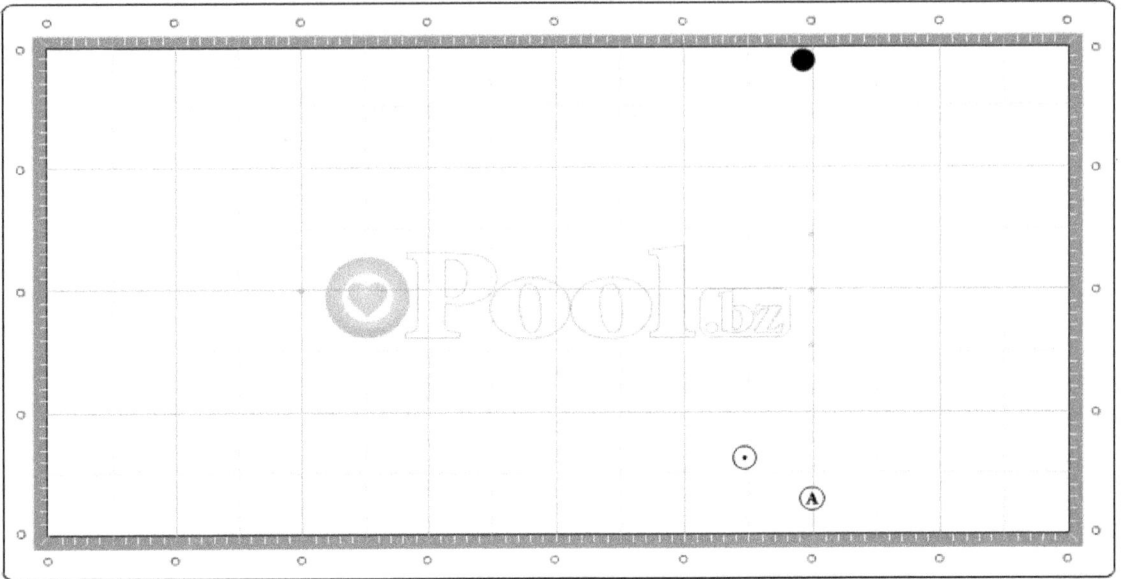

Huomautuksia ja ideoita:

Pallokuviota

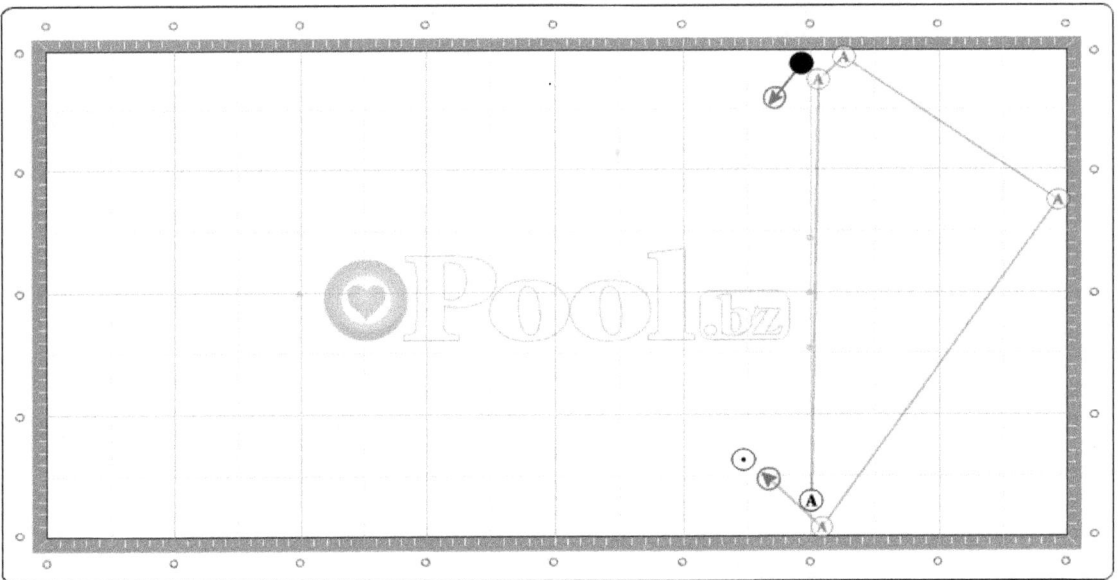

E:2d – Piirustus

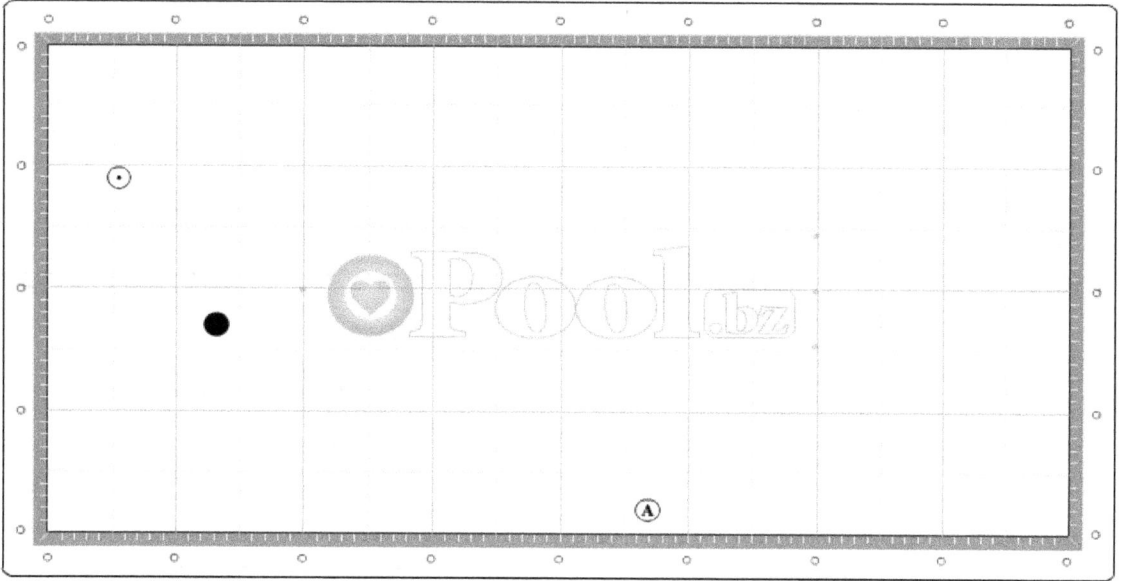

Huomautuksia ja ideoita:

Pallokuviota

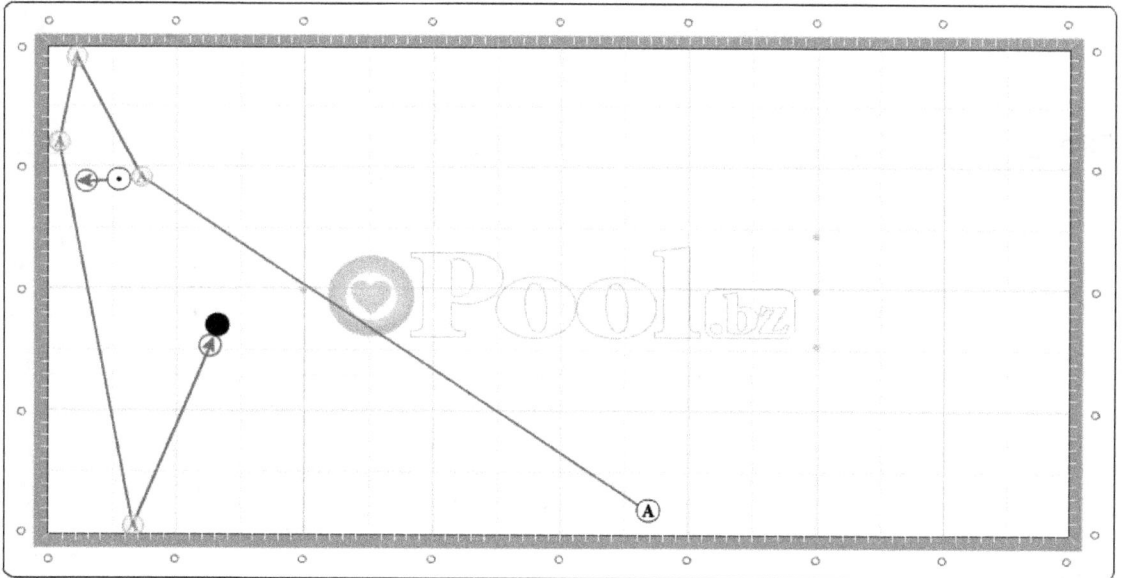

E: Ryhmä 3

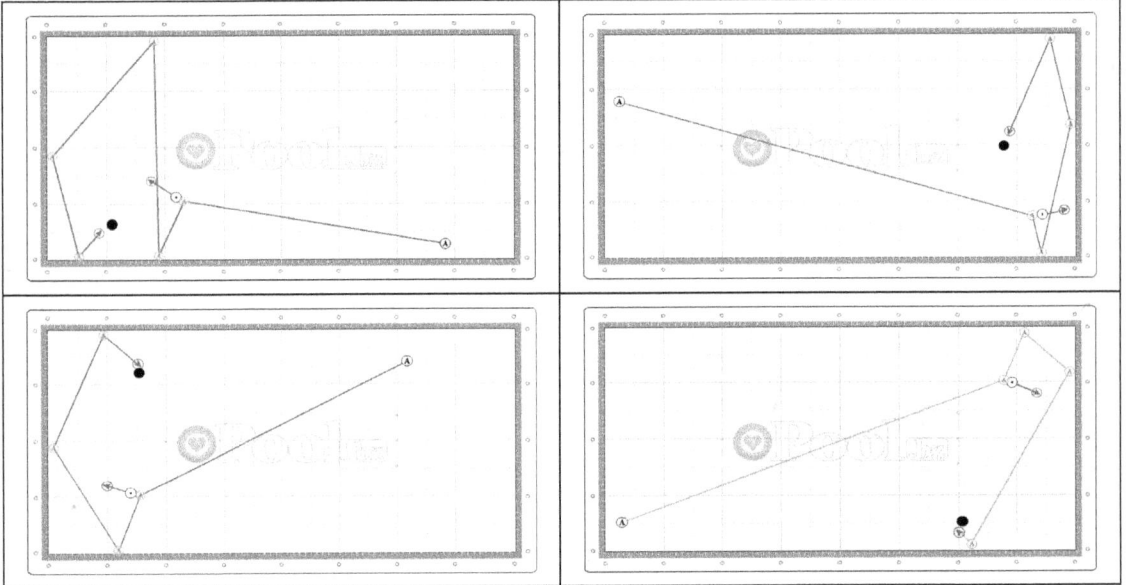

Analyysi:

E:3a. _____

E:3b. _____

E:3c. _____

E:3d. _____

E:3a – Piirustus

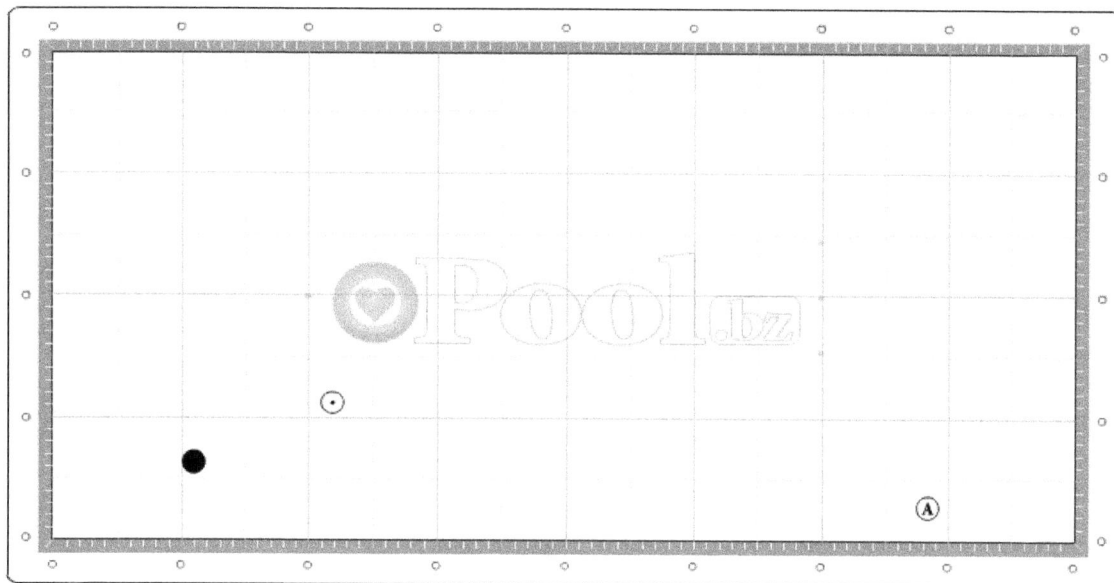

Huomautuksia ja ideoita:

Pallokuviota

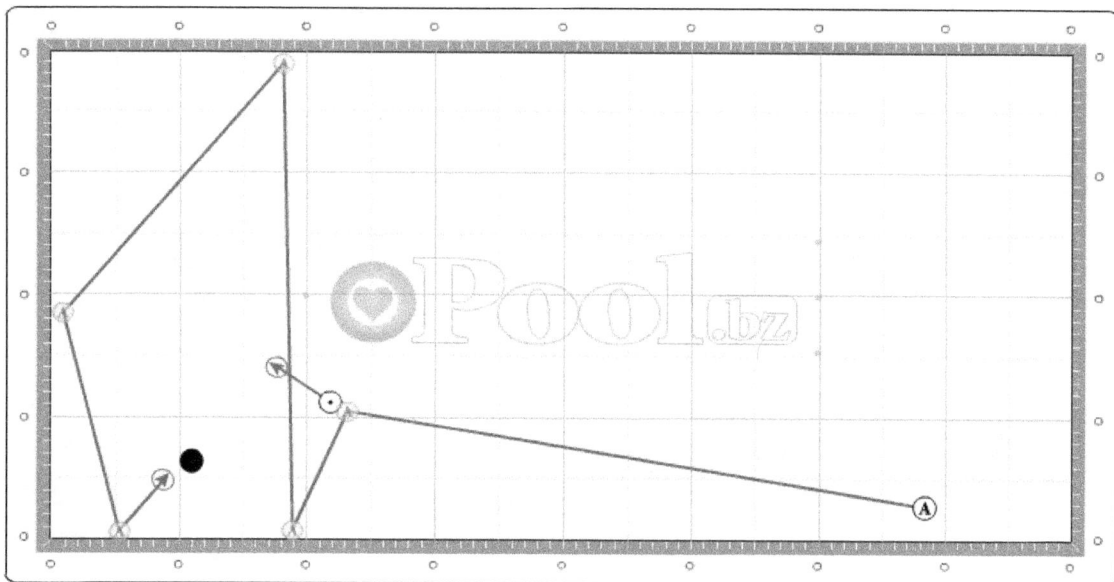

E:3b – Piirustus

Huomautuksia ja ideoita:

Pallokuviota

E:3c – Piirustus

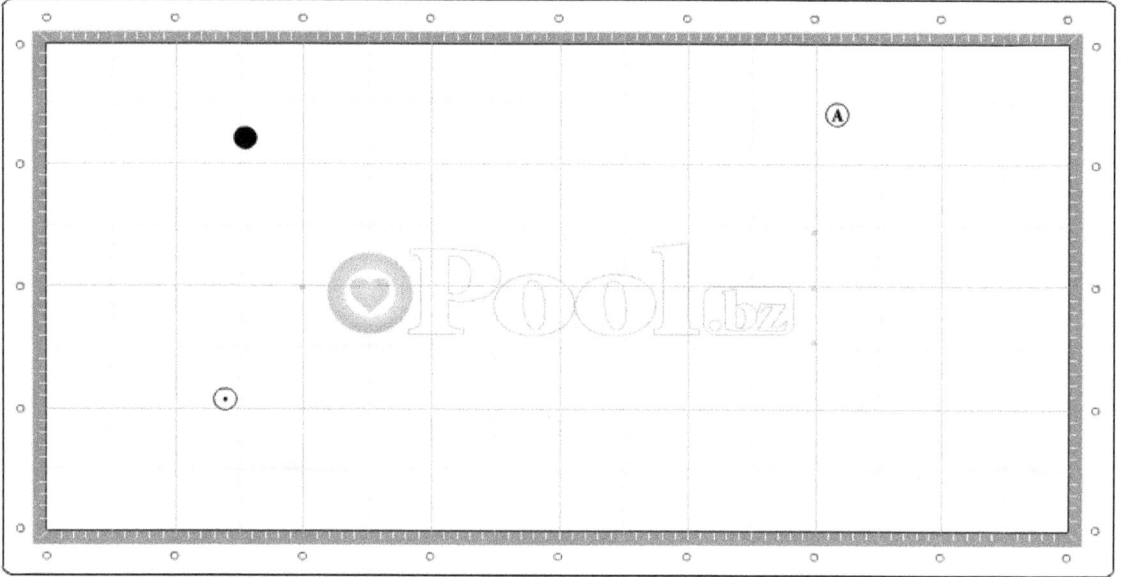

Huomautuksia ja ideoita:

Pallokuviota

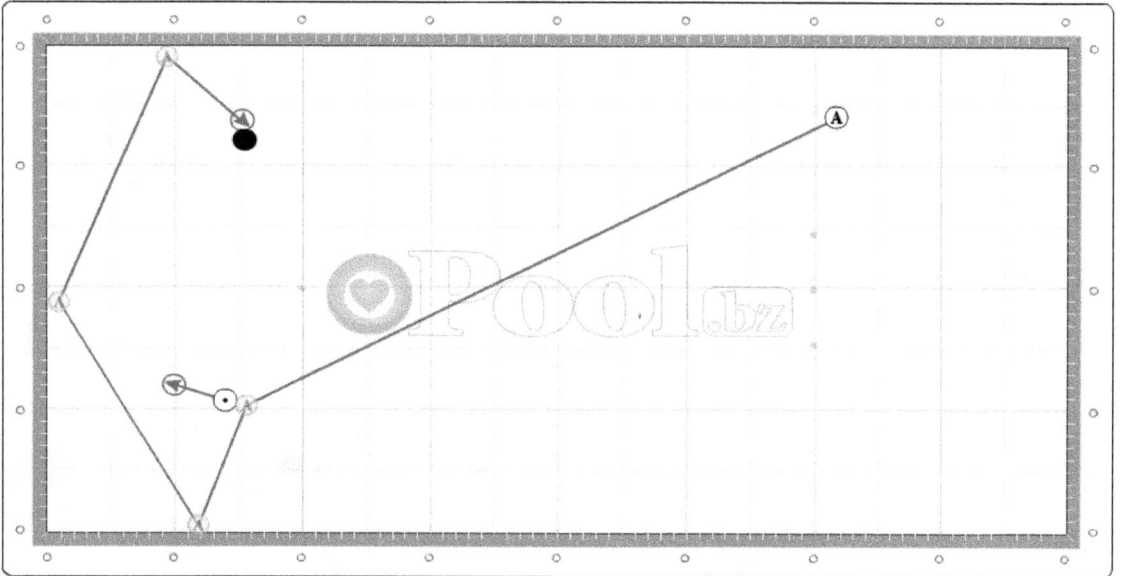

E:3d – Piirustus

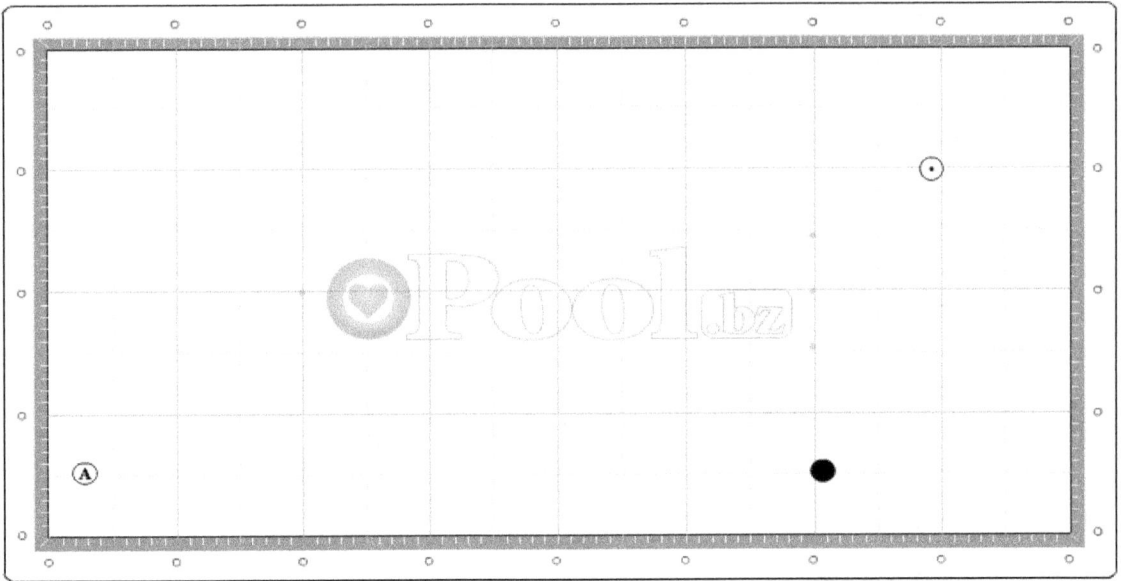

Huomautuksia ja ideoita:

Pallokuviota

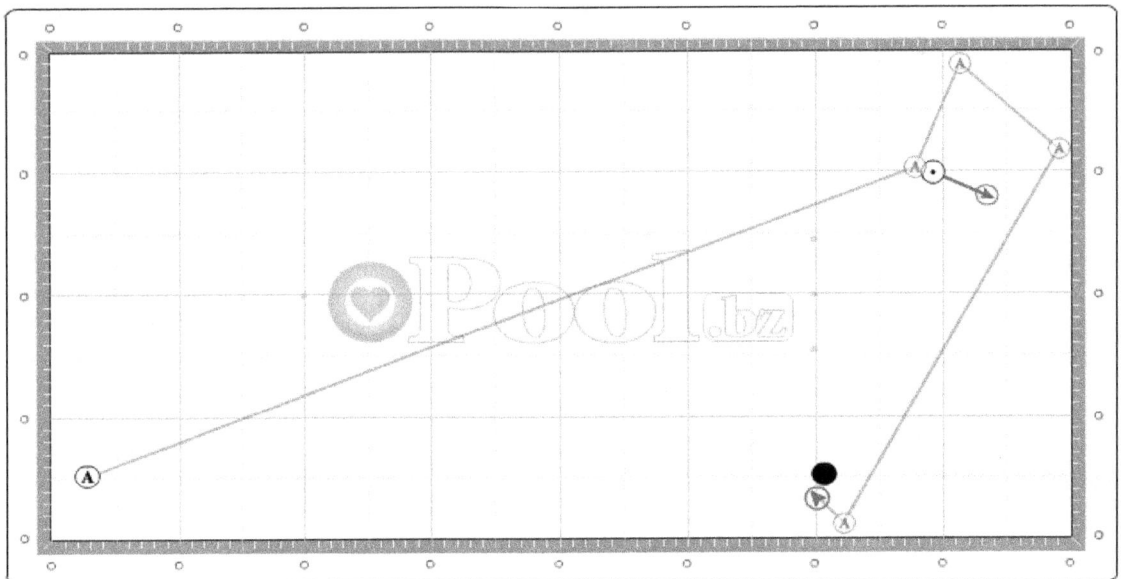

F: Laajennettu kolmas jalka

Kun (CB) poistuu ensimmäisestä (OB), se menee pitkään vallin. Se menee lyhyt vallin ja pitkä vallin, ja sitten matkustaa pitkän matkan toiseen (OB).

(A) (CB) (sinun biljardipallo) – (•) (OB) (vastustaja biljardipallo) – ● (OB) (punainen biljardipallo)

F: Ryhmä 1

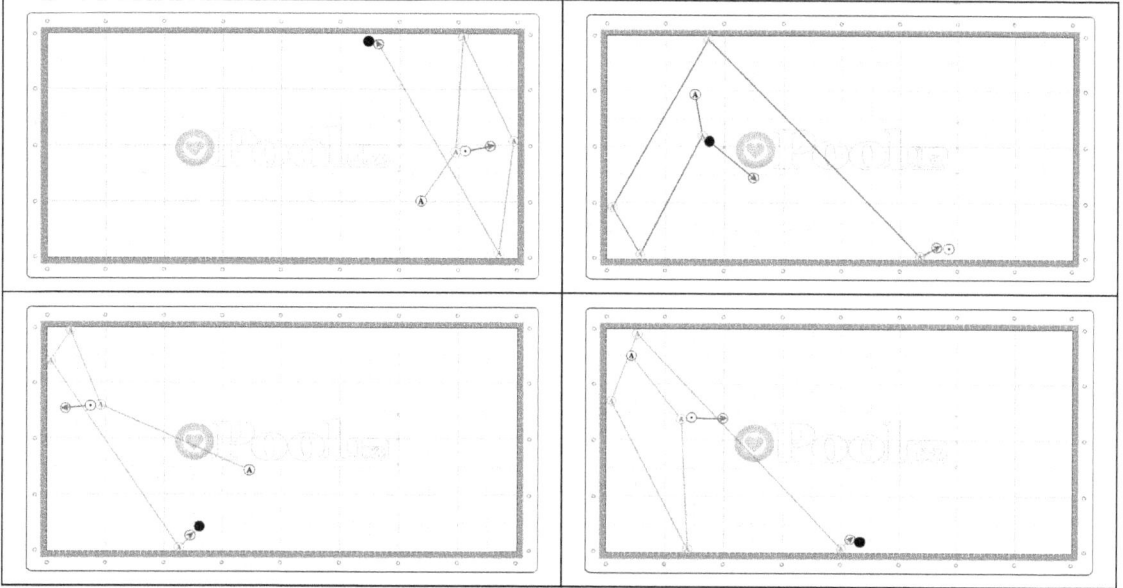

Analyysi:

F:1a. _____

F:1b. _____

F:1c. _____

F:1d. _____

F:1a – Piirustus

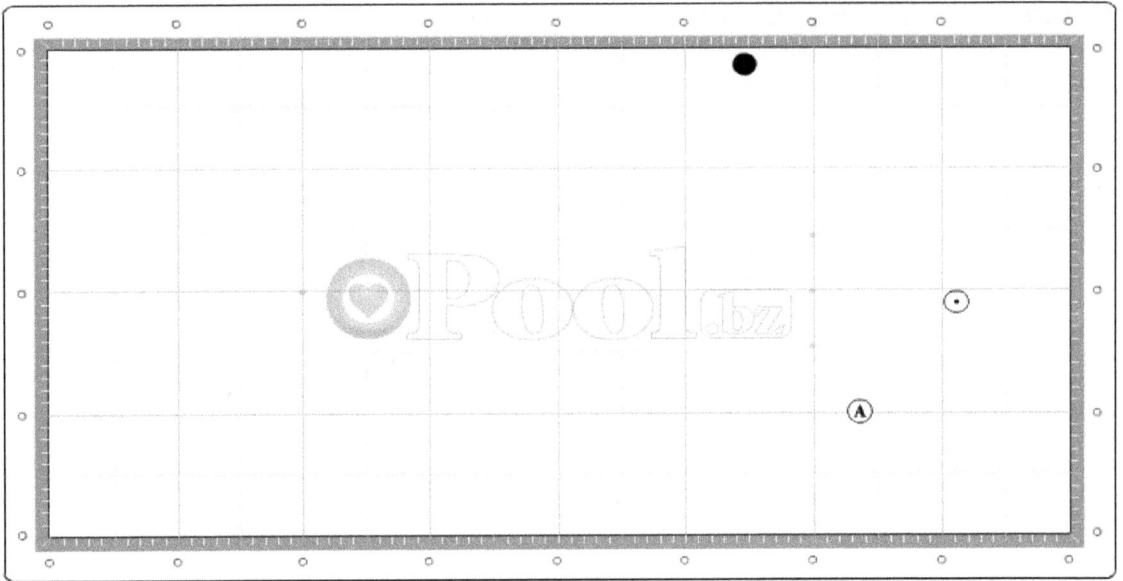

Huomautuksia ja ideoita:

Pallokuviota

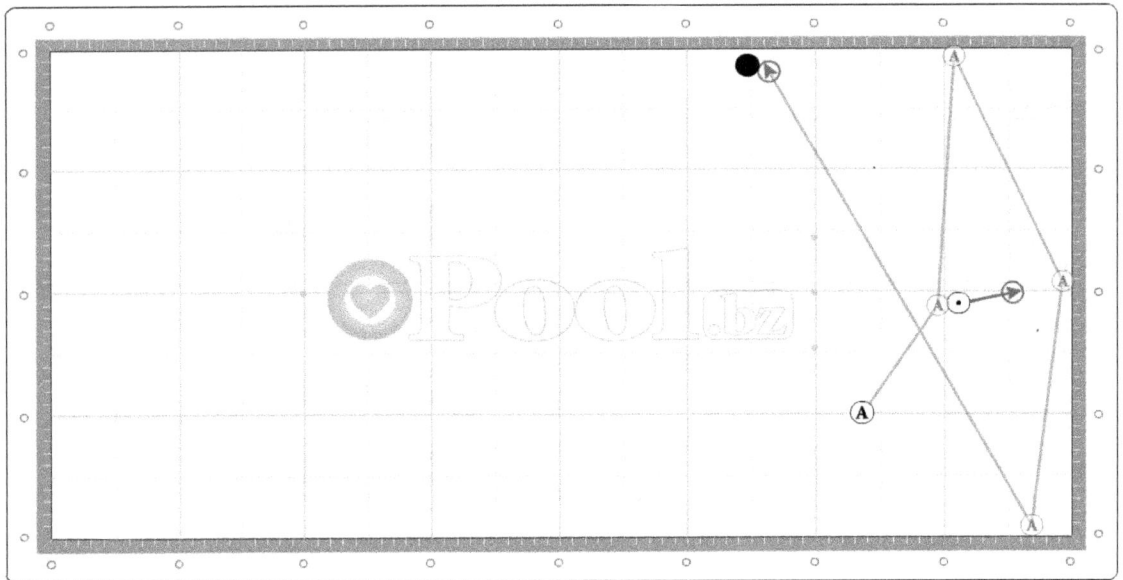

F:1b – Piirustus

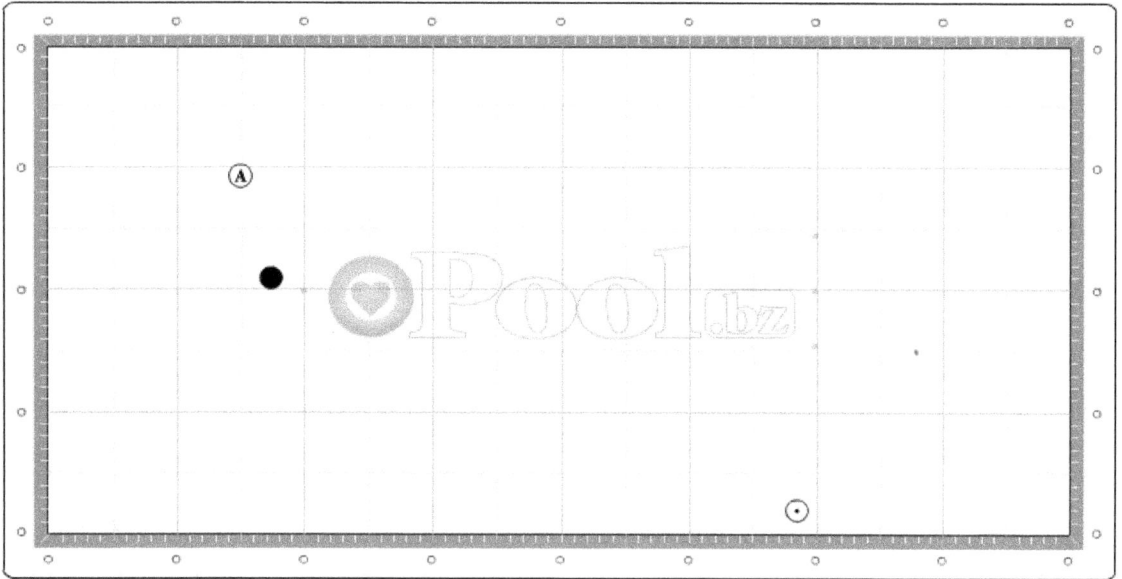

Huomautuksia ja ideoita:

Pallokuviota

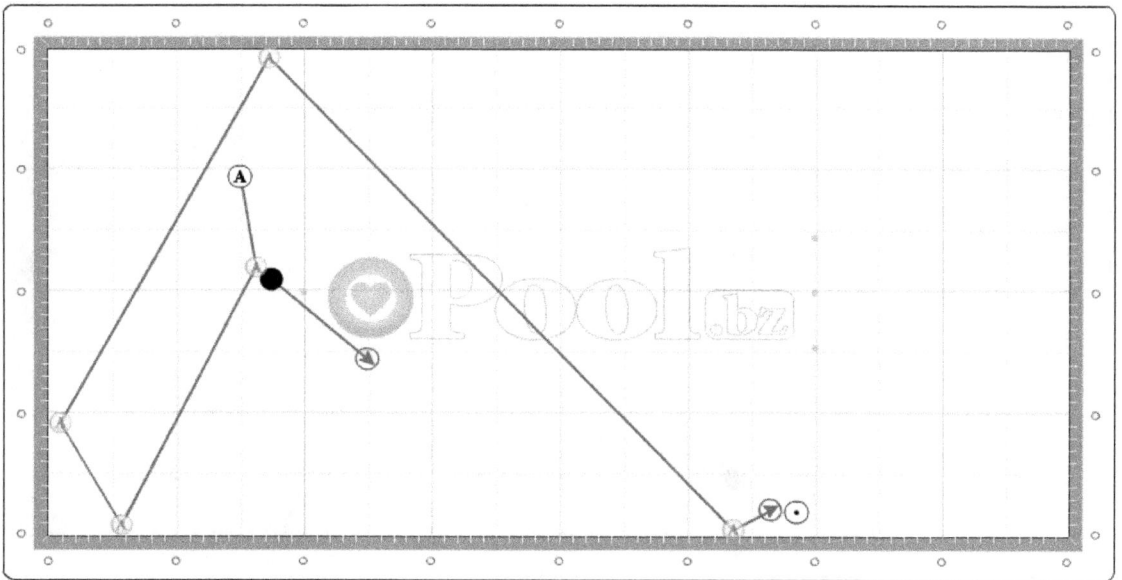

F:1c – Piirustus

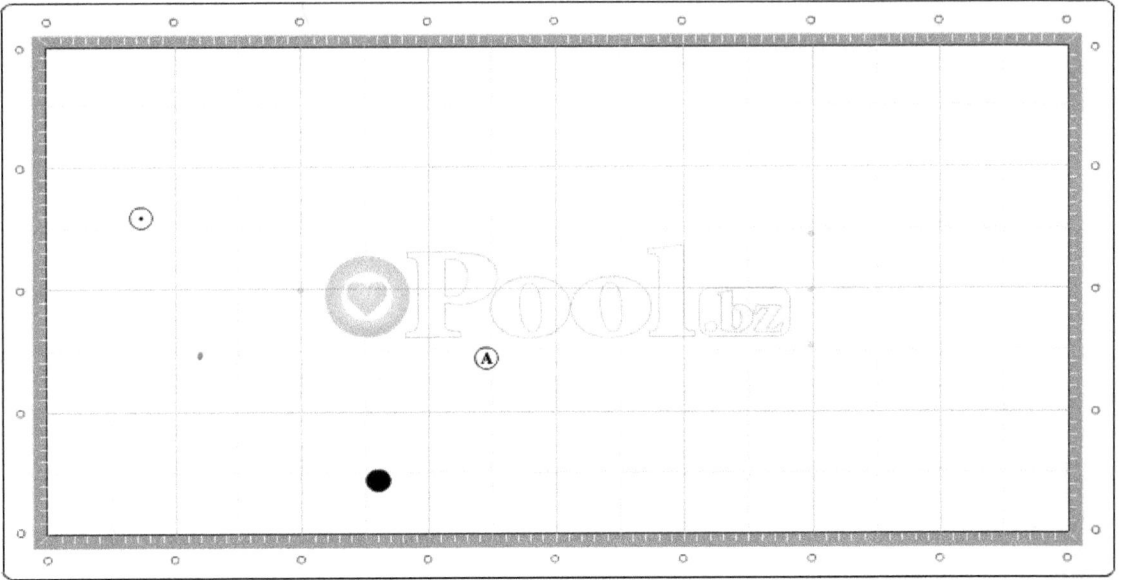

Huomautuksia ja ideoita:

Pallokuviota

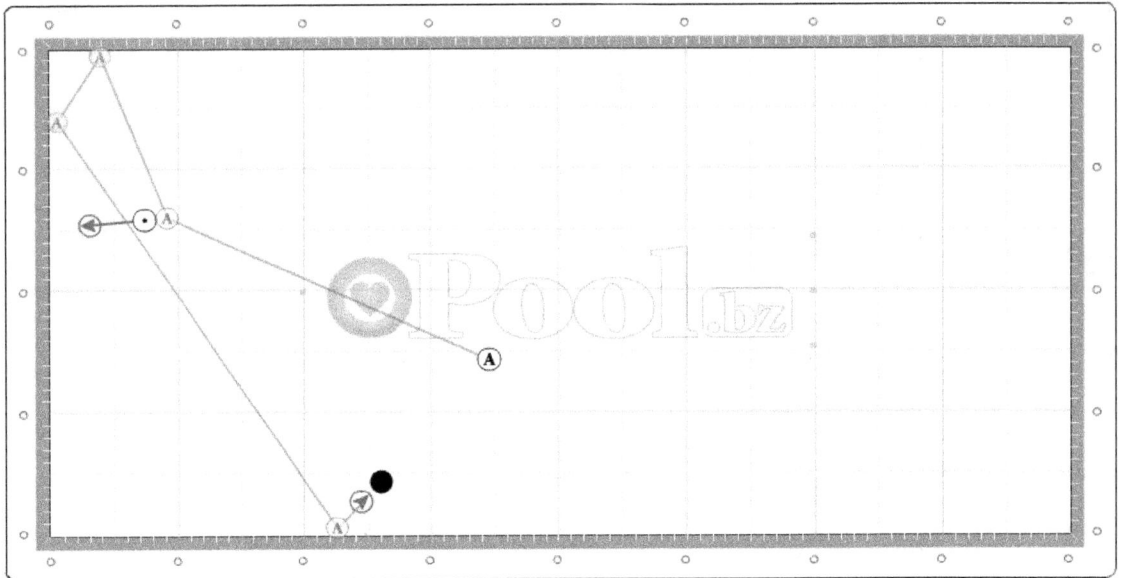

F:1d – Piirustus

Huomautuksia ja ideoita:

Pallokuviota

F: Ryhmä 2

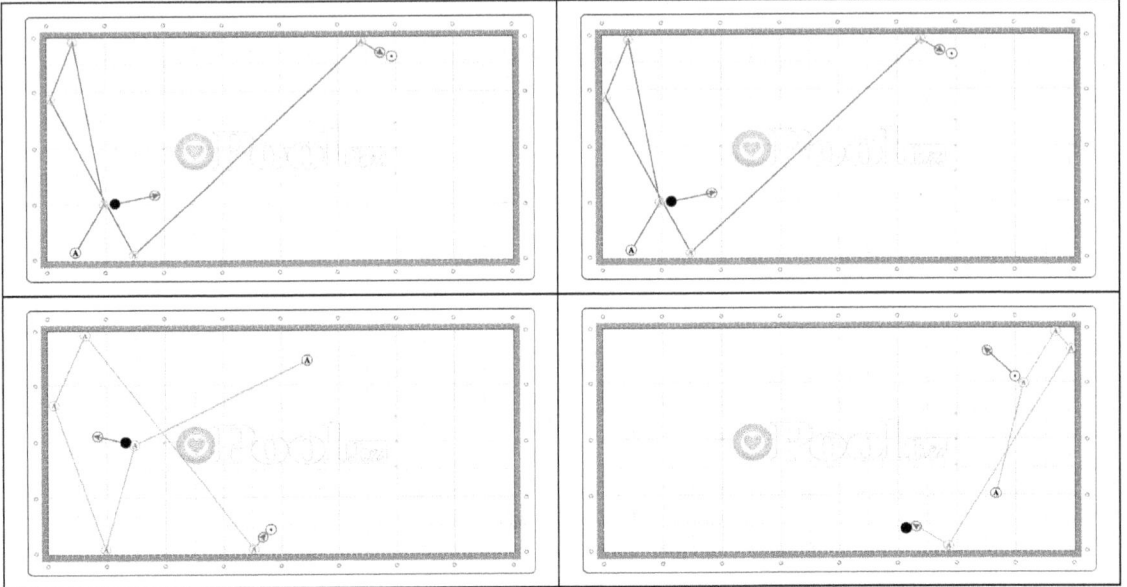

Analyysi:

F:2a. _____

F:2b. _____

F:2c. _____

F:2d. _____

F:2a – Piirustus

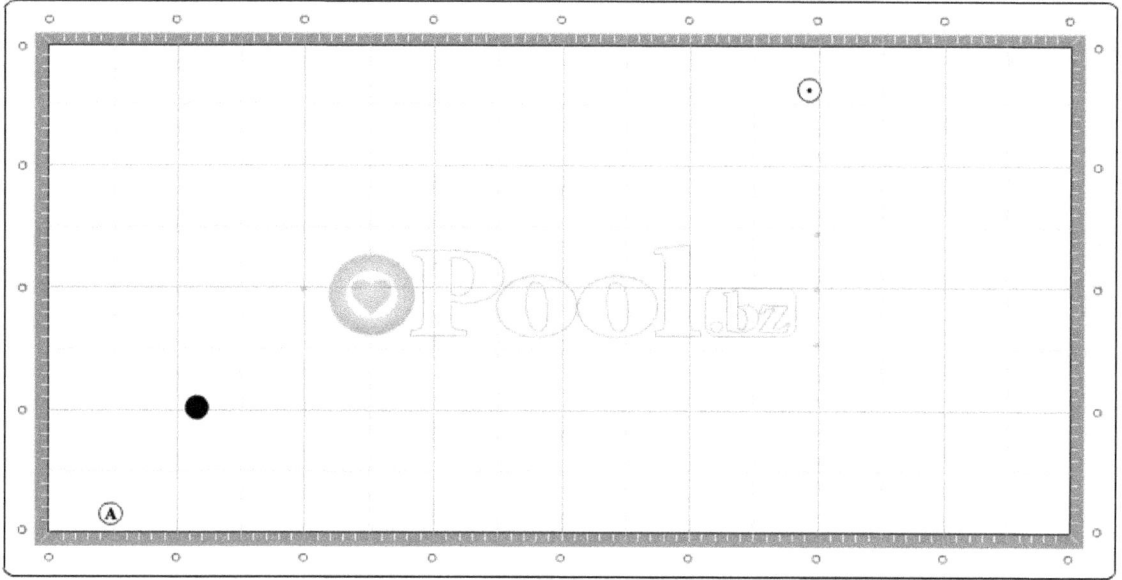

Huomautuksia ja ideoita:

Pallokuviota

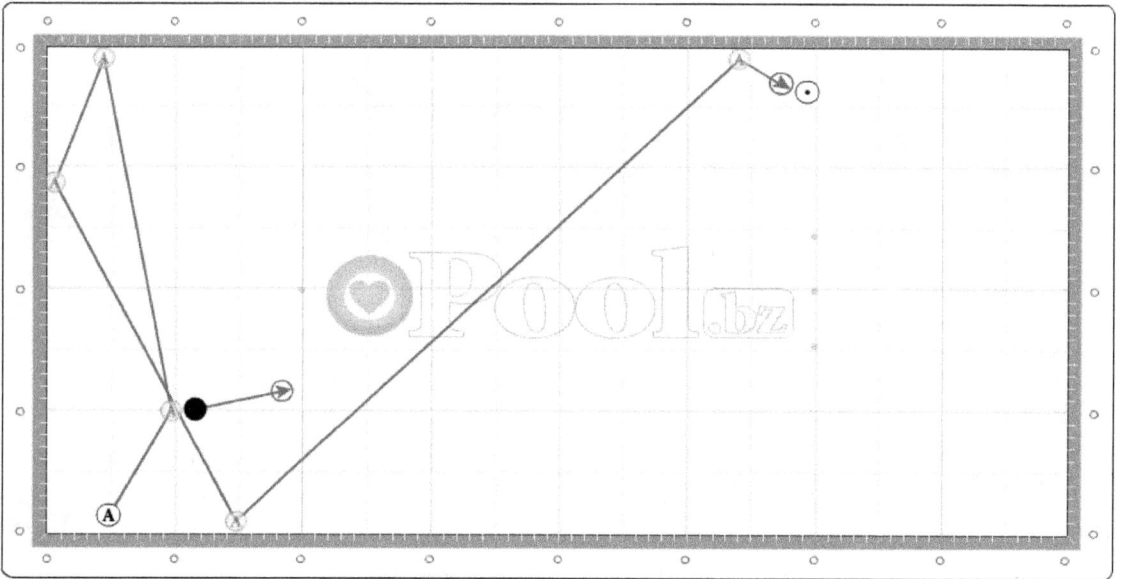

F:2b – Piirustus

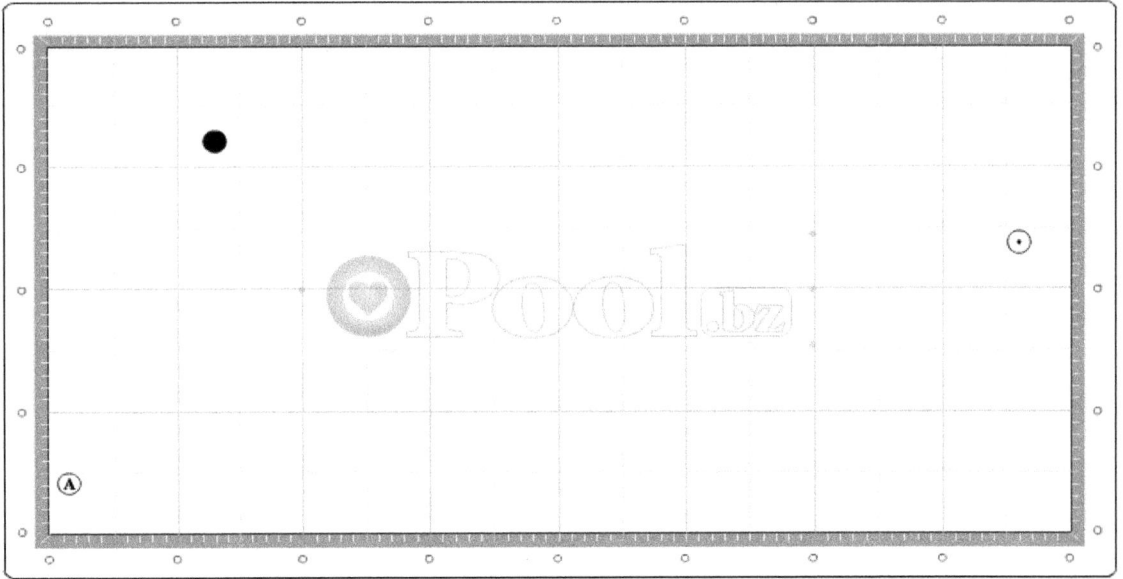

Huomautuksia ja ideoita:

Pallokuviota

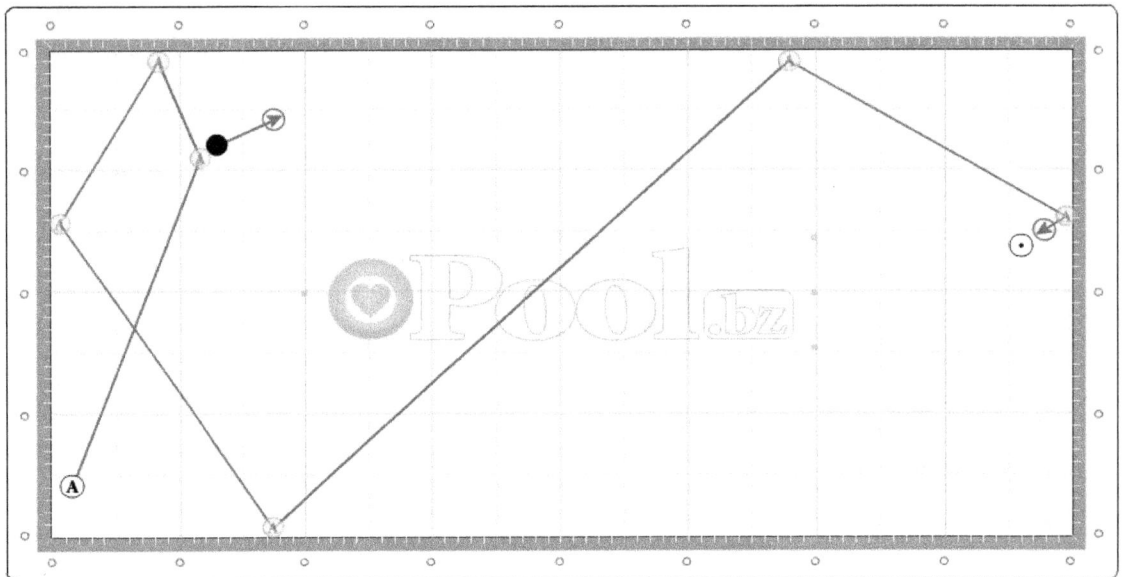

F:2c – Piirustus

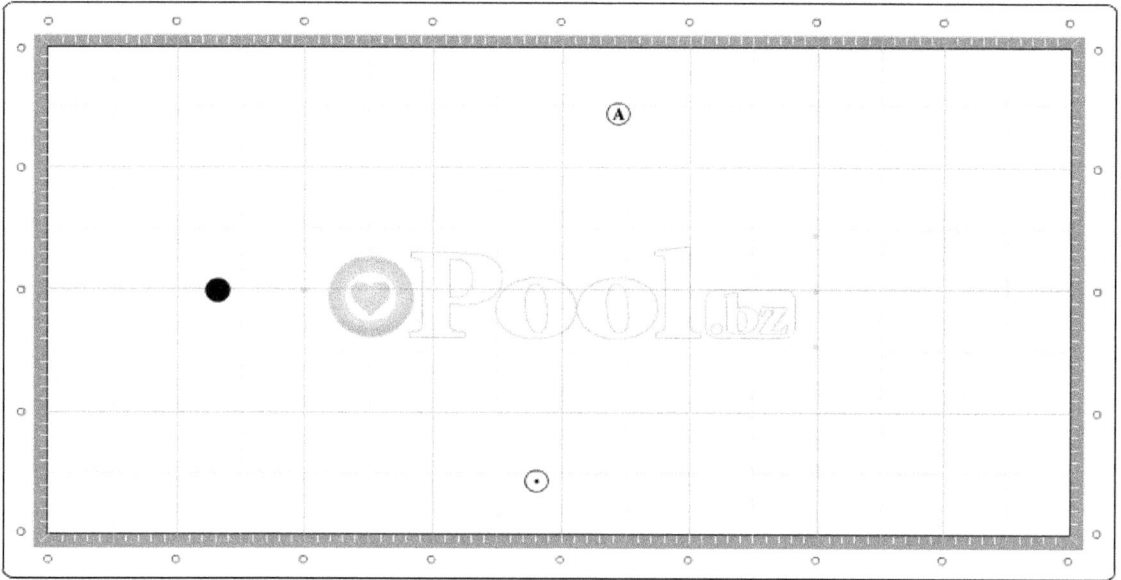

Huomautuksia ja ideoita:

Pallokuviota

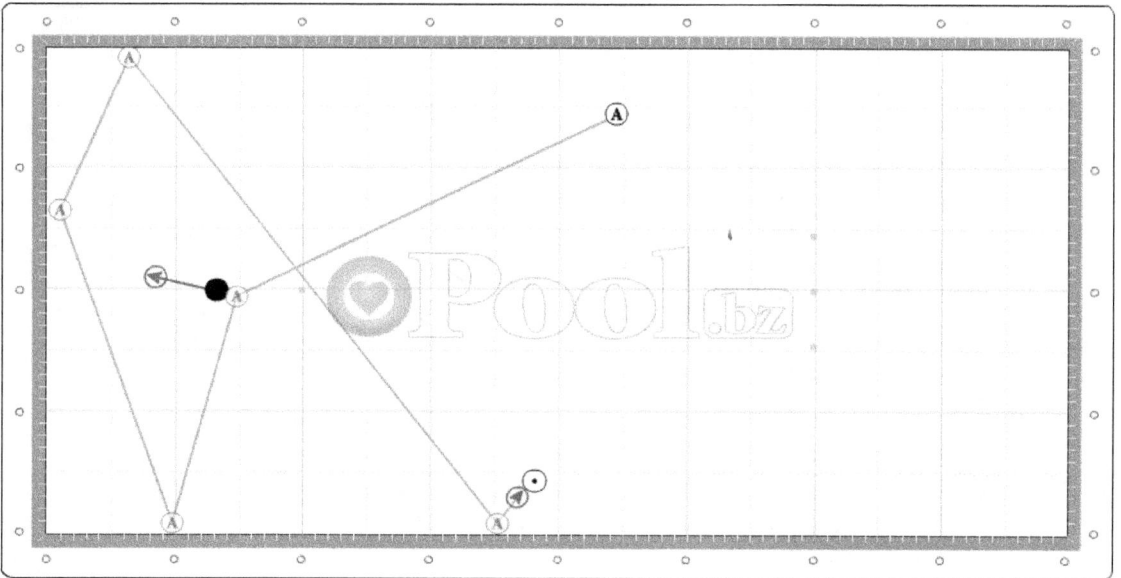

F:2d – Piirustus

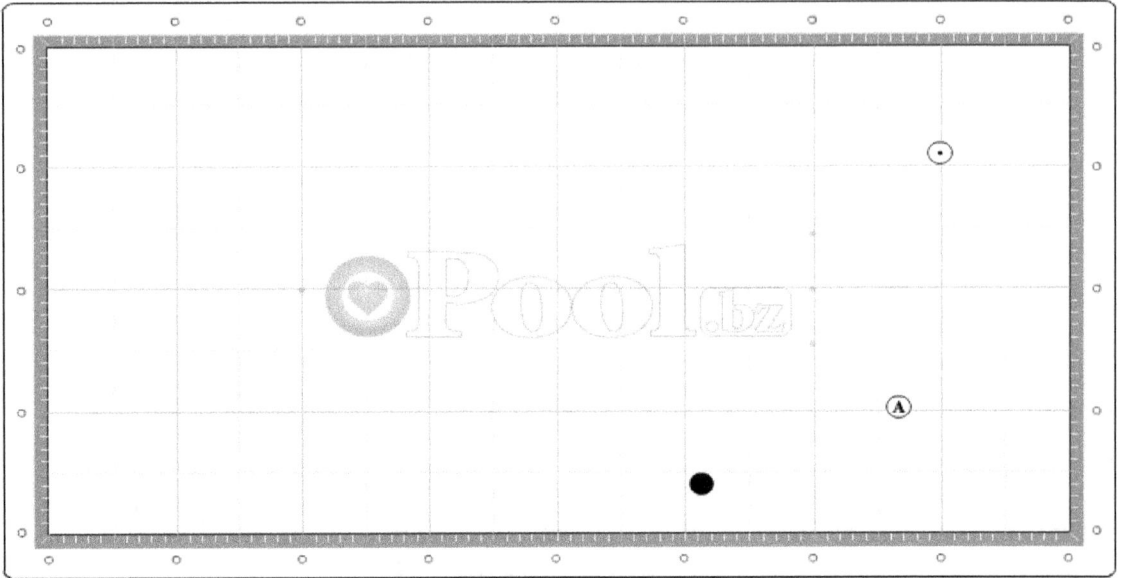

Huomautuksia ja ideoita:

Pallokuviota

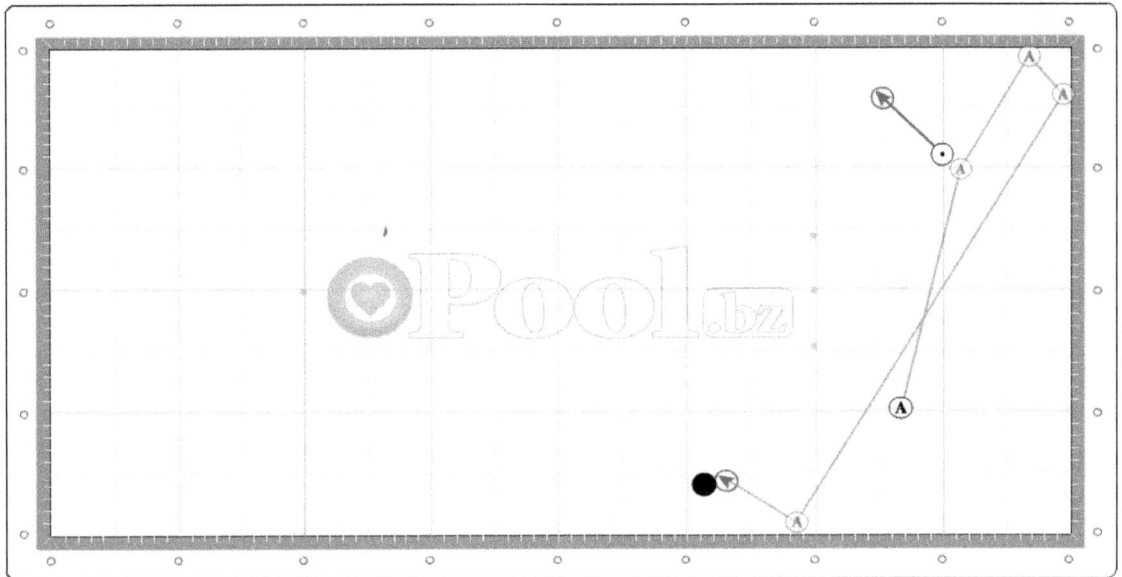

F: Ryhmä 3

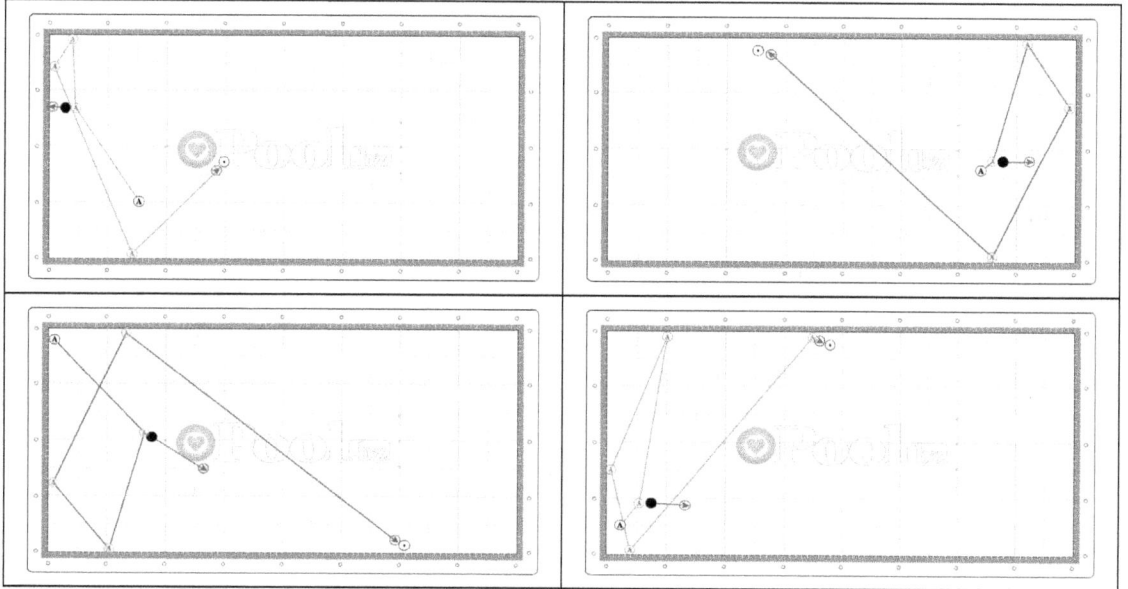

Analyysi:

F:3a. _____

F:3b. _____

F:3c. _____

F:3d. _____

F:3a – Piirustus

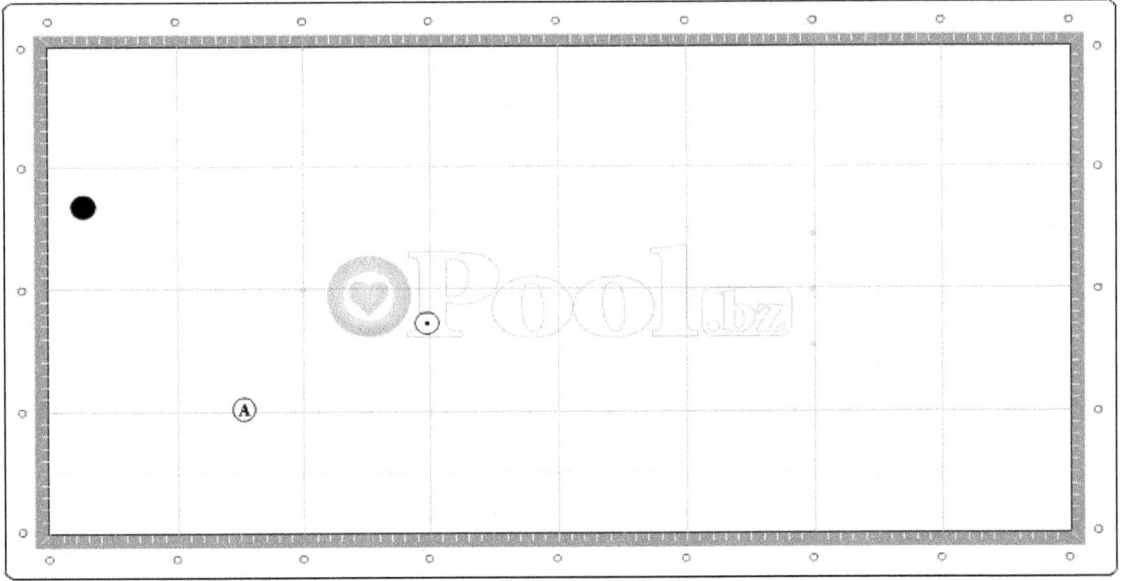

Huomautuksia ja ideoita:

Pallokuviota

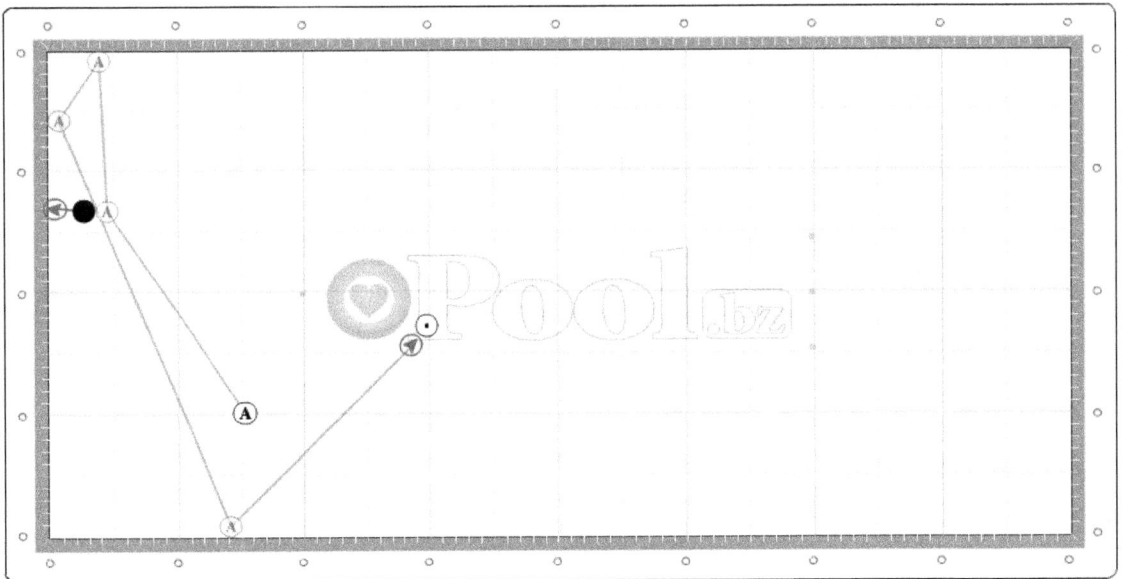

F:3b – Piirustus

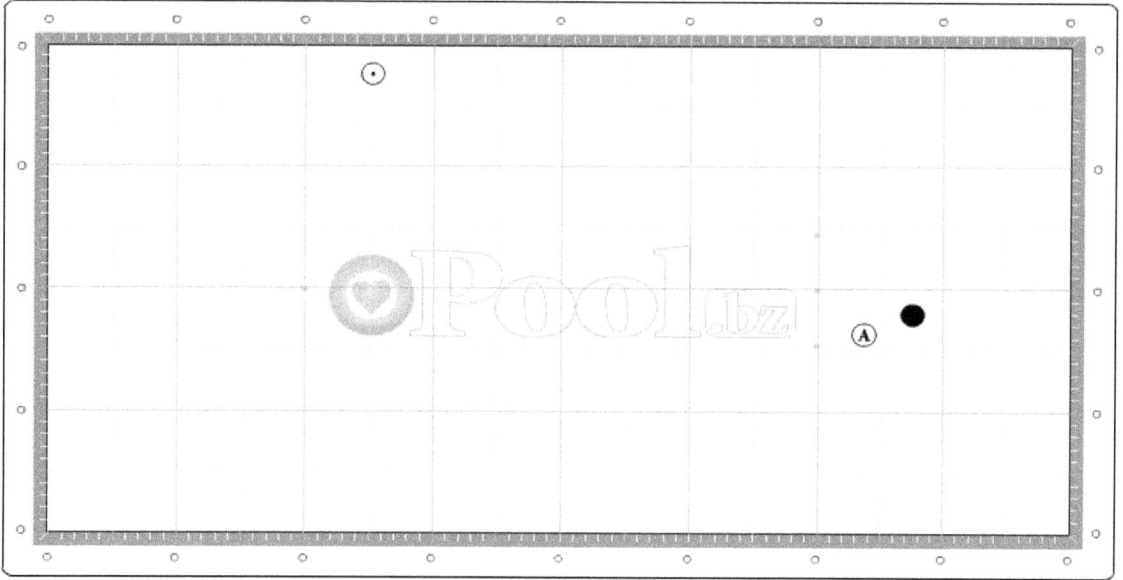

Huomautuksia ja ideoita:

Pallokuviota

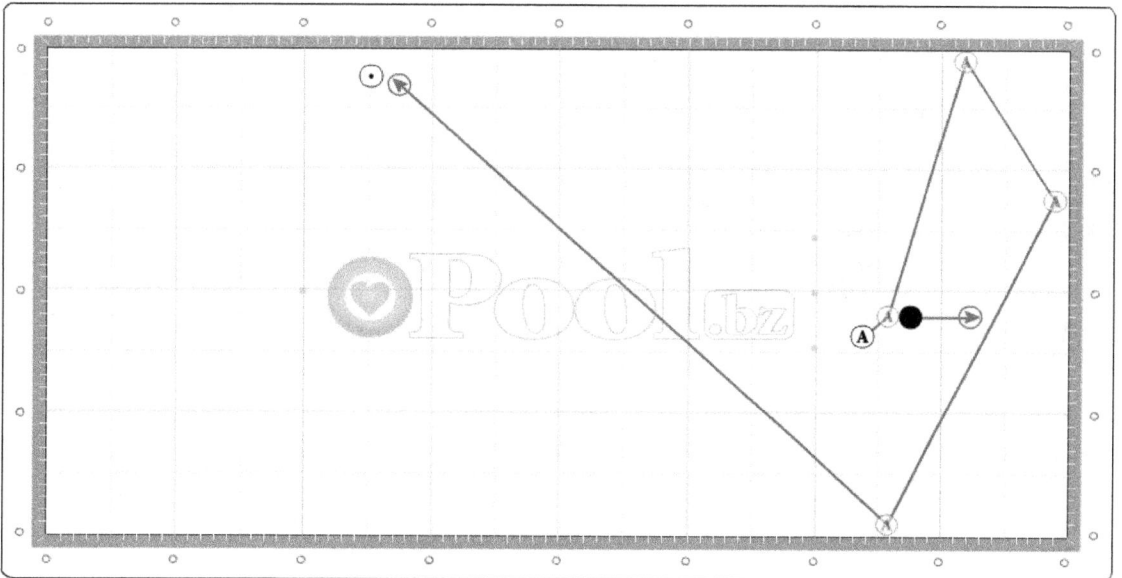

F:3c – Piirustus

Huomautuksia ja ideoita:

Pallokuviota

F:3d – Piirustus

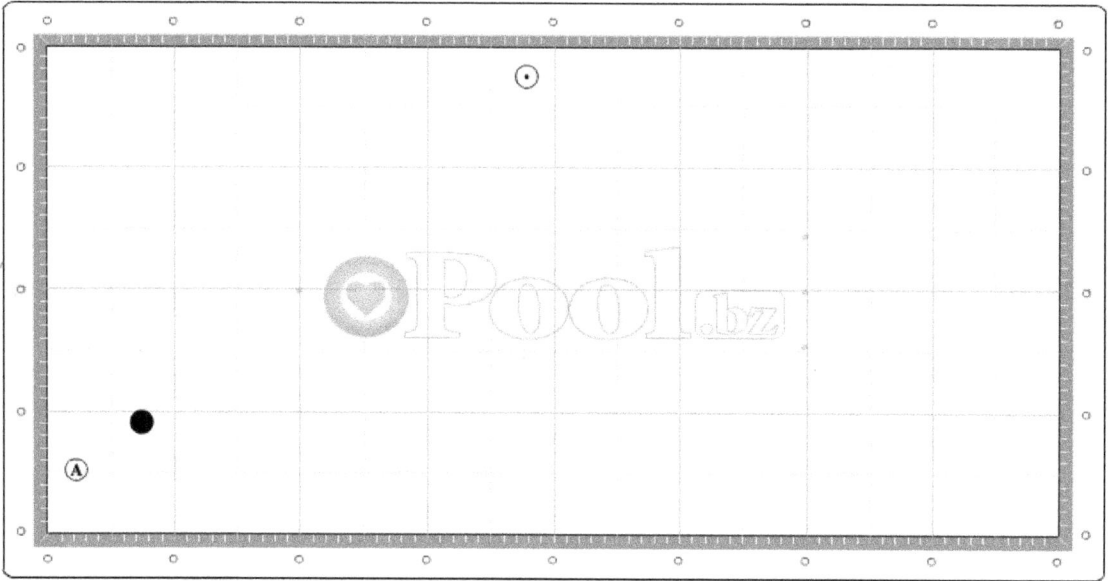

Huomautuksia ja ideoita:

Pallokuviota

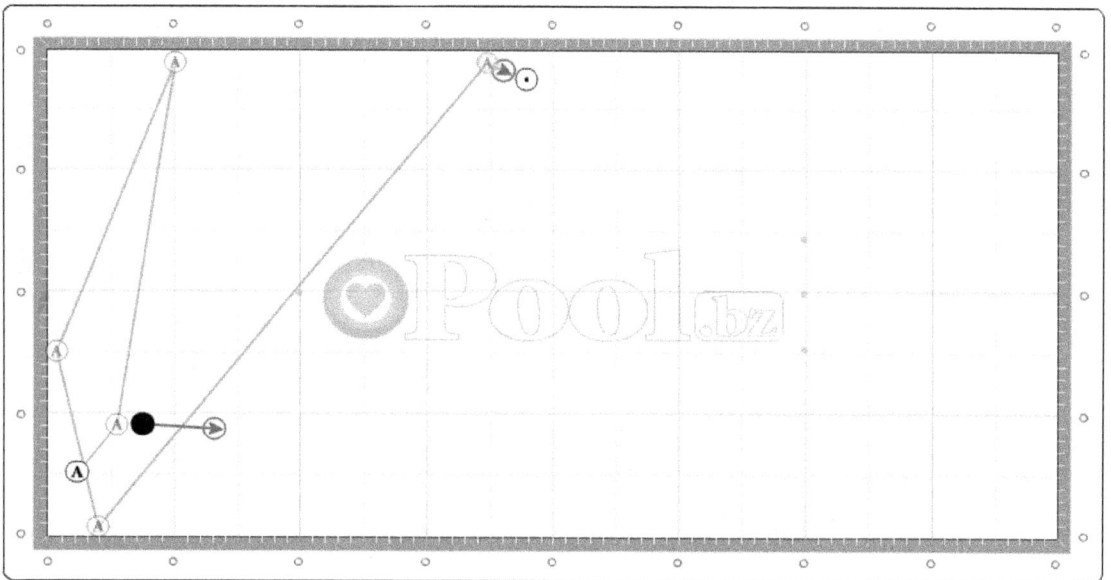

www.ingramcontent.com/pod-product-compliance
Lightning Source LLC
Chambersburg PA
CBHW062053090426
42740CB00016B/3114